解『语』

语文老师教给青少年的《论语》课

赵震 著

北京联合出版公司
Beijing United Publishing Co.,Ltd.

图书在版编目（CIP）数据

解“语”：语文老师教给青少年的《论语》课 / 赵震著. — 北京：北京联合出版公司, 2017.12（2023.4重印）

ISBN 978-7-5596-1183-3

Ⅰ. ①解… Ⅱ. ①赵… Ⅲ. ①儒家②《论语》－青少年读物 Ⅳ. ①B222.2-49

中国版本图书馆CIP数据核字(2017)第263560号

解“语”：语文老师教给青少年的《论语》课

作　　者：赵　震
出版统筹：朱文平
责任编辑：徐　樟
特约编辑：黄梦梦
特约监制：徐均成
封面设计：李四月

北京联合出版公司出版
（北京市西城区德外大街83号楼9层　100088）
印刷：三河市金泰源印务有限公司　　**经销**：新华书店
字数：197千字　　**开本**：710×1000 1/16　　**印张**：16
2017年12月第1版　　2023年4月第3次印刷
ISBN 978-7-5596-1183-3
定价：38.00元

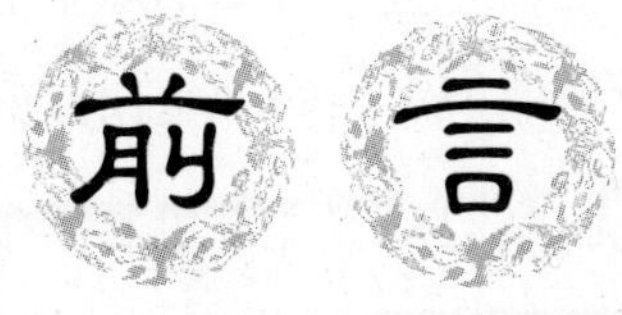

前言

今天，我们还需要阅读《论语》吗？

网上时常可见“人生必读的100本书”“35岁之前不能错过的30本书”等诸如此类的推荐，但不久前，有人反其道而行之，做了一个“死活读不下去排行榜”。该榜单由广西师范大学出版社通过对近3000名读者吐槽最多的“读不下去”的书进行统计后发布。其结果如下：

第1名：《红楼梦》

第2名：《百年孤独》

第3名：《三国演义》

第4名：《追忆似水年华》

第5名：《瓦尔登湖》

第6名：《水浒传》

第7名：《不能承受的生命之轻》

第8名：《西游记》

第9名：《钢铁是怎样炼成的》

第10名：《尤利西斯》

对于《红楼梦》高居榜首我倒不怎么意外。就个人的阅读经验而言，我在初中、大学、工作后三个阶段，分别以购买、借阅、没收的方式阅读了三次《红楼梦》，但都没能读完。如果不是电视剧，我可能仍然不知道宝玉和黛玉最后是否像王子和公主一样幸福地生活在一起。然而《百年孤独》居然是亚军，对此我很愤然。当我“亲切友好”地从学生手中收过这本书后，便度过了一个充满魔幻现实主义色彩的午后。那个下午的阳光拥有生命；校园中每一棵树的颜色都呈现出明暗不同的调子，我想那是它们的语言；巧克力奶入口柔滑细腻，宛若拉丁情人的吻。我不想停止阅读，生怕这奇妙的感觉会消失。这一刻，我很自由。

好吧，扯远了，但你们要习惯，因为这是本书的写作风格。

其实我有些纳闷，《论语》居然没上榜？想了想，这大约说明一提起名著、经典，大家脑海中第一时间浮现的就是小说，压根儿没诸子百家什么事儿。也难怪，我买菜时固然不需要列方程组计算差价，可是也用不着先问句：“有青笋于斯，沽诸？”然后老板大呼：“沽之哉，沽之哉！我待贾者也。”我考试垫底，一句“于我如浮云”可安慰不了；我消沉、低落时，偶像的一首歌、心上人的一个微笑，也许比一句“士不可以不弘毅”更能振奋精神。都说《论语》有文字之美，可我觉得方文山的一段中国风歌词也不差啊。《论语》和我的生活无关，并不能带给我更多的什么，也许，我不需要阅读它。

但，真的如此吗？先别急着下结论，听一件事：

我认识一个很漂亮的女生。你瞧，我修饰“漂亮”时使用的是一个程度副词，“很”。她不爱化妆，而许多女生如果不化妆便不肯出门。还在大学校园时，这位女生经同学介绍，兼职做淘宝的平面模特，还去过漫展当showgirl。我曾很不好意思地请她无偿帮忙拍一组照片来做我一本书的封面，那是本以魑魅魍魉为主角的神话短篇小说集，她看后觉得很好玩，就爽快地答应了。可惜，她的照片最后还是没能成为封面，因为出版公司说封面宜抽象不宜具体。我很遗憾和抱歉，她倒不以为意。

毕业后，她找到一份体面的工作，认真地生活着。而爱情上，追求她的人可想而知，有霸道总裁，也有位高多金的翩翩公子。但她至今单身，没有婚姻，也少有感情生活。原因，她说在她自己，因为她感到自己很难主动去跟什么人交往，也无力经营一段成熟的感情，因为她是那样敏感、脆弱、多疑。

而这种性格的形成，只是因为她出身贫寒。

我不知道她现在怎么样了，过得好不好？遇到属于自己的真命天子了吗？性格有没有改变？但每次想到她，我都会想起《论语》中孔子对仲弓说的话："犁牛之子骍且角，虽欲勿用，山川其舍诸？"出身又有什么关系？你以为出身会影响许多，可山川之神却未必这样想。当初许广平对鲁迅先生示爱时，不仅是他的学生，年龄上也小他十多岁，先生顾虑很多，不敢答应，并问："为什么还要爱呢？"许广平答："神未必这样想！"

千年前，最重视门第出身的时候，夫子就不这样看，并且说就算你自己也那样认为，神都未必和你一样想。为什么生活在现代的你，反而要那样在乎呢？如果那个漂亮的女生知道孔子这样说，如果她理解这句话，会不会一切就都不一样了？

这件事让我想到很多。如今丰富的物质享受、令人惊异的现代科技，让许多从前想也不敢想的问题变得轻而易举。但我们依然无法解决这样一个问题：如何安放自己的内心？答案不在方程的解中，无法求导，也无法积分。但在孔子与弟子们的对话中，埋下了线索。所以，我们需要阅读它。

但我们怎样读呢？关于《论语》著名的梗，莫过于"半部《论语》治天下"了，既然半部就能治天下，那么整部呢？请自行推理。《论语》文辞隽永、内涵丰富，历史、政治、教育、文学、社会生活，以及立身处世等诸多方面，都有涉及，想要穷尽，不知需要怎样的才情和毅力。作为一个无法带出好成绩的语文教师，听说，选读的方式和我更配。

既然是选读，就一定要有选取标准，我们的标准是什么？

先宕开一笔，说说2015年的高考作文题：因父亲总是在高速路上开车时接电话，家人屡劝不改，女大学生小陈迫于无奈，更出于对生命安全的考虑，通过微博私信向警方举报了自己的父亲。请考生给小陈、老陈或其他相关方写一封信，表明态度与看法。

这个题目考查的其实是我们对情与理的深入思考，而说到情与理，又会很自然地联想到《论语》中“证父攘羊”的故事。叶公认为“其父攘羊，其子证之”，父亲如果偷了一只羊，违犯了法律，儿子就应该去告发并做证，这才是“直”；而孔子则认为“子为父隐，父为子隐”，儿子为父亲隐瞒，不要去告发他，这样做才是“直”。前者强调的是礼法，后者强调的是人性。题目中小陈选择了举报，从伦理角度来说，算是不孝行为，因为不符合“亲亲相隐”的文化传统；从法律角度来说，又是正确之举，对父亲实施的是终级关爱。这个题目引起了社会上的广泛热议，出得很好。

那么孔子的提法到底对不对？尤其是在法治观念盛行的今天，这种观点是否合适？这个我们先不去讨论，我们要看到的是：孔子的话虽然很简单，但是里面包含了他对某种价值观的评估与最终判断。他不是在回答一个人应该怎样做的问题，他是要回答所有人能不能这样做的问题。也就是，建立起社会的普遍价值观。他的核心思想是“仁”，是建立一个人与人之间充满温情的社会，而不是靠冷冰冰的规则来运行的社会，所以他有那样的判断。

这便是我们选择的标准：首先，选取那些在立身做人方面，具有价值观判断意义的条目，因为它们会告诉我们：什么样的人生是理想的。知道了这点，我们才能明白如何安放自己的内心。其次，选取流传度广、字词文句几无争议的条目。《论语》中的一些字句该如何解释，至今仍无定论，若非孔子复生，只怕还要继续争论下去。既然无法确定，那便存而不论吧。再次，那些能体现孔子性格、情感的，也为我们所选。

以上三点，便是选读标准。此外，还有两点重要声明：

一、本书所载的《论语》原文及译文，均以杨伯峻先生的《论语译注》简体字本（中华书局，2006 年 12 月北京第一版，2013 年 10 月北京第 16 次印刷）为参考。杨先生的《论语译注》向来以准确、简练著称，是当代最好的《论语》读本之一，在学界和读者中深有影响。

二、本书中的观点，有一些个人创见，但并非全部，大部分观点仍是前辈学者的研究成果。我所做的工作，其实是一个语文老师所擅长的，将这些过于学术性的专业观点，以一种新鲜活泼的方式、更接地气的方式讲给学生听，激起他们对《论语》的兴趣和热爱。

那么也许有人要问了，你这样做，有意义吗？

有一段时间，我对博大精深的饮食文化深感兴趣，吃货的本性按捺不住。但欲研究必先读书，于是找到一本《烹调原理》来读。书名不奇怪，但特别的是作者，张起钧，是一位哲学家。这本书开哲学家研究食道之先河，但我觉得吴森为其写的序言更重要。他说哲学教授们的一般著作，讨论的多半是“道”“仁义”“心性”“良知”“存在”“辩证”“分析”“综合”等抽象的概念，喜欢把这些题材翻来覆去地一谈再谈。这些名词的分析和观念的游戏，对人类文化经验的贡献究竟在哪里呢？

问得多好。如果学术的、专业的东西，不能和人的日常生活发生联系，而只是局限在少数专家学者的手中，被拿来去做好像永远都做不完的分析论证，那学术的意义究竟何在？市面上目前似乎还找不到一本真正写给非专业读者看的《论语》解读著作，我这样做的意义，就是架起一座桥，连接起学术研究与阅读兴趣。把所有事情都当成学问，那生活会变得味如嚼蜡，失去乐趣；但反过来，把所有的事情都不当成学问，则会过得浮浅无聊。愿大家都能在其中找到一个合适的平衡点。

目 录

学而篇第一 1
为政篇第二 21
八佾篇第三 35
里仁篇第四 43
公冶长篇第五 57
雍也篇第六 77
述而篇第七 91
泰伯篇第八 103
子罕篇第九 109
乡党篇第十 124
先进篇第十一 130
颜渊篇第十二 150
子路篇第十三 162
宪问篇第十四 168
卫灵公篇第十五 180
季氏篇第十六 188
阳货篇第十七 193
微子篇第十八 215
子张篇第十九 223
尧曰篇第二十 237
附录 245

学而篇第一

入道之门

子曰：“学而时习之，不亦说乎？有朋自远方来，不亦乐乎？人不知而不愠，不亦君子乎？”

孔子说：“学了，然后时常去实习它，不也高兴吗？有志同道合的人从远处来，不也快乐吗？人家不了解我，我却不怨恨，不也是君子吗？”

这几句可以说是家喻户晓、脍炙人口了。哦，等一下，“脍炙人口”这个成语使用在这里是否合适？“脍”的意思是切细切薄的，而“炙”的字形就已经说明一切了，它是个会意字，火上烤肉。该成语的意思就是烤肉人人都爱吃，其实古人还不都是吃货？

问君何所有，烤肉和啤酒。

这个成语一般用来比喻好的诗文或事物为大家所喜爱，所以我的使用是正确的。你看，刚读第一段就学到了关于成语的新知识，你怎么能不继续读下去呢？

孔子这句话想必大家初中就已经学习过——学习要经常地复习，这难道不是很愉快的一件事吗？可如果这样，孔子就被称为圣人了，那我是很不佩服的。《学而篇第一》，那就是全书的总纲啊，应该很重要不是？我对着《论语》这经典的名字膜拜了半天，结果一打开书，孔子您老人家就给我看这个？这也太草率了吧？而且回想一下，教过你们的每位老师应该都说过类似的话吧，又何止孔子一人？再者，学而时习之，真的很快乐吗？你们头上有教室中不灭的日光灯，脚下有学哥学姐们的足迹，说句良心话，真觉得学习快乐吗？复习高兴吗？课程繁重，作业如山，老师家长苦苦相催，你们才勉强为继。课上一句无聊的笑话可以回味一节课，偶尔放点和教学相关的视频就如同过年一样兴奋，足见多可怜了。学而时习之，不亦苦乎？如果孔子这样说，我才佩服，因为他通达人情世故，不故作高深。

下面让我们回到文本。

"时"，相当于一个副词，可以译为按时、时时，在适当的时候。而"习"，解释为复习，私以为是以今臆古，不准确的。甲骨文的"习"字是这样的：，由一个（羽，翅膀）加上一个（像鸟窝），取义幼鸟在鸟巢上振动翅膀演练飞行。有的甲骨文则写成。《说文解字》中说："习，数飞也。"这里面已经含有练习的意思了。在古书中，它还有实习、演习的含义。孔子所传授的功课，一般都与当时的社会生活、政治生活密切相关，不实际去体会的话，很难谈得上学习，所以我认为此处的"习"，并非复习，而是实习、实践之意。

古人称理论知识的训练为“学”，生活实践的体验为“习”。切切实实地去体会，体会什么呢？就是学的内容，关键便在这里。儒家讲的学问，是怎样的学问？注意，可并不是仅指诗词文章，读书好就是学问好吗？博闻强识就是君子吗？未必。哪怕你不认识一个字，也可能有学问，只要你做人好、做事对，就是大学问。《论语》之中，有许多处印证了这一点。如何成人成德，就是学问，儒家的学问。

这样的学问从哪里来？要从生活中体会来，最后体现在自己的做人做事上。比如说，在去食堂吃饭的路上，一个女生摔倒了，样子还比较滑稽，大部分同学的反应是怎样的？我想多半会觉得好玩，会笑，虽然你没有恶意，可是你会让她很尴尬，很不好意思。如果这时你能反省，你应该知道这样是不好的。那么你该怎样做？要么去扶起她，要么选择无视，这样子她就不会觉得尴尬。

“时习之”，就是随时随地能反省，开始反省也不容易，但慢慢有了进步，自然会有会心的微笑。比如说你又一次看到有人摔了一跤，这次你不笑话她了，而是伸手帮她捡起饭盒，问一句同学没事吧？当你看到她感谢的表情浮现在梨花带雨的脸颊上时，你的心中也会跟着有微微的喜悦，这就是“悦”。“悦”不是大笑、狂笑，你哈哈哈哈一顿笑，那是发疯。“悦”是有得于心，会心的笑。如果是在大学，说不定一段美丽故事的开端就已经写好了，未成年人嘛，就算了。

我们再看第二句，有朋友来，我就快乐，这个其实也不一定。比如有时候我想独处，想静静，又或者我是一个喜欢安静的人，那朋友来了，出于礼貌我不得不接待，想必我也快乐不起来。

什么是朋友？大略而言：同门为朋，同志为友。一起跟随同一个老师学习，就是朋；有共同的志向，就为友。朋友就是一起学习、有相同志向的人。

以曹魏名臣华歆为例：

管宁和华歆同在园中锄草，看见地上有一块金片，管宁仍旧挥动着锄头，和看到瓦片、石头一样没有区别；华歆高兴地拾起金片，看到管宁的神色后又扔了它。一次，他们坐在同一张席子上读书，有个坐着有围棚的车穿着礼服的人刚好从门前经过，管宁还像原来一样读书，华歆却放下书出去观看。管宁就割断席子和华歆分开坐，说：“你不是我的朋友了。”

为何？因为你我志向不同了。

当你下决心学习儒家真正的学问时，一定会有人不理解，会觉得你傻，你奇怪，你不合群，你在故作清高、标新立异，甚至会有嘲讽、耻笑和打击。想想孔子生前的寂寞，不正说明这一点吗？那么这个时候，有个了解你、和你志向相同的人从远方来看你，你一定会发自内心地高兴。因为“人生得一知己足矣”，所以才有“士为知己者死”啊。远，不一定是空间上的，也可以是时间上的距离，孔子的学说到了汉武帝时代才被尊崇，大约寂寞了五百年。

那么最后，“人不知”一句，说的是如果没人了解自己，那么也不怨天尤人，只是从自己身上找原因，这样，才是君子。这可太难了，谁不曾责人太严、责己太宽？谁不曾怨天尤人？不这样的君子，实在难得。

小结一下，《学而》是总纲，告诉我们三件事：

一、儒家的学问，是学习如何成人成德的。

二、学问的方法，就是随时随地从生活中去体会。

三、对待学问的态度，就是不怨天、不尤人，反省自身。

因此，宋代著名学者朱熹对此章评价极高，说它是“入道之门，积德之基”。

孝悌而已

有子曰：“其为人也孝弟，而好犯上者，鲜矣；不好犯上，而好作乱者，未之有也。君子务本，本立而道生。孝弟也者，其为仁之本与！”

有子说：“他的为人，孝顺父母，敬爱兄长，却喜欢触犯上级，这样的人是很少的。不喜欢触犯上级，却喜欢造反，这种人从来没有过。君子专心致力于基础工作，基础树立起来了，道就会产生。孝顺父母，敬爱兄长，这就是仁的基础吧！”

孝顺父母，友爱兄弟，是学问的第一步，也是基础。

上一则说到儒家的学问是立人的学问，孔子告诉我们，只要你立志完成自己，那么你不会寂寞，总会有理解你的人；如果自己立不起来，那也不要怨天尤人，反省自己就好。这是孔子教给我们的人生经验，也是他自己的体验。那么当我决定了去实践之后，第一步要怎样做呢？我将从哪里开始？别急，有子的话来了。有子是孔子的学生，而且是学得很好的学生，用他的话来补充说明，很是恰当。

“千里之行，始于足下”，万事都要从基础做起。关于做人的基础，有子给了我们两个字，一个是孝，一个是悌。关于孝，请注意，儒家讲孝，是“父慈子孝”，是相对的。父亲对儿子付出了慈爱，儿子回过头来爱父亲就是孝。我们后来说孝，有这样的话：“天下无不是的父母。”这是不对的，天下怎么会有没有过错的父母？天下间就的确有许多“不是的父母”。在新闻中，时常会见到有关弃婴的报道，就在不久前，成都和绵阳都有关于弃婴的报道。一个新生的婴儿，一个很乖的女孩儿，就那样被放在婴儿车里，丢弃在人群熙攘的车站，而她还什么都不知道，美丽的大眼睛好奇地打量着这个世界。面对这样的父母，你如何要求孩子孝顺？

各位读者，以后回到家中，如果父母无故打骂你，你就可以对他们说，我们中国文化，讲究父慈子孝，你们对我不慈爱，小心以后我不孝敬你们。不过反过来，如果父母尽心对你，而你在他们老了之后，却不好好照顾他们，那就是不孝，就没了做人的根本。无论你取得多大的成就，拥有多高的地位与权力、多少的财富，在儒家标准面前，你可能连人都算不上。

顺道说下，儒家也并不反对造反哦。武王伐纣，有人说是弑君犯上，孟子却说这是“诛独夫”，诛杀一个众叛亲离的独夫而已，“诛”字表示这是正义的杀。孟子还有一段著名的话：“君之视臣如手足，则臣视君如腹心；君之视臣如犬马，则臣视君如国人；君之视臣如土芥，则臣视君如寇仇。”据说朱元璋看过后评论说，这可不是臣子应该说的话啊，然后弄了个《孟子节文》出来，把不利于统治的话统统删去。

孔子有一个比较有名的弟子，叫宰予。他曾经问孔子，老师，父母去世之后要为之守丧三年，如果一个君子三年不出来做事，那对国家也是很大的损失啊，为什么不能少一些呢？孔子说那你觉得多长时间好？宰予回答说一年。孔子接着又问，那么你安心吗？宰予说我安心。孔子说，你安心那你就可以只守一年。待他离开后，孔子说宰予不孝啊，人还是婴儿时，大约三年不能离开父母的怀抱，离不开父母的照料，不然就活不下去，那么父母去世了，你为父母守孝三年，又有什么过分的呢？

乌鸦会反哺，羊羔会跪乳，禽兽尚如此。当然，你也可以引用莎士比亚的著名台词来反驳我：“禽兽尚且有怜悯之情，而我没有，所以我不是禽兽。”的确，禽兽能做到的事情你却做不到，你就禽兽不如。

在这个意义上，我们津津乐道于乔布斯用科技改变世界，比尔·盖茨用金钱做慈善，但他们如何对待自己父母，我们却很少知道，因为我们根本不关注。还有一点要提醒各位，说到孝，古代二十四孝的故事非常有名，并且都被说成是儒家思想，这是有问题的。二十四孝的故事中有许多是非常不合情理的，属于盲目的孝顺，鲁迅先生早已批判过。

“孝”的问题解决了，还有一个“悌”字。

“悌”就是兄弟姊妹间的友爱，但并不局限于兄弟姊妹间。古人有五伦的说法，这五伦分别是君臣、父子、夫妻、兄弟、朋友。朋友在其中也占有一个位置，因为有时候有许多话、许多心情和感受，不方便对亲人讲，对父母说也可能得不到理解，对妻儿说也不适合，就只有找朋友倾诉。朋友也是一种感情的结合。而这个“悌”字，就包含了对兄弟、姊妹，一直到朋友，延伸到社会的友情。

汉代有一个叫许武的人，父亲去世后，他就担负起教育两个弟弟的责任，白天耕作，晚上便教弟弟读书。时间久了，弟弟厌烦，与他顶撞起来，扔掉书本，不肯读书。许武没有责骂他们，更没有打他们，而是一个人来到家庙长跪不起，自责不能教导好弟弟们，辜负了父母，直到两个弟弟哭着求他起来。此后，弟弟们刻苦攻读，都有所成。

这就是兄友弟恭，这样的人，当然会被历史记住。

你看做人多简单，只要做到孝悌就可以了；你看做人又多么难，又有谁真正做到了孝悌呢?

好，诸位读者朋友，这里我们讲了做学问的基础和方向，如果你有心，不妨给父母打个电话，告诉他们，你爱他们。虽然你任性，你叛逆，你玩世不恭，你觉得他们根本不理解你，可是，你爱他们。如果他们觉得奇怪，问你为什么要突然这么做，你就说你刚刚看了这本书。

舌灿莲花又如何

子曰：“巧言令色，鲜矣仁！”

孔子说：“花言巧语，伪善的面貌，这种人，仁德是不会多的。”

先解释一下“令”字：

“令”的甲骨文=A（朝下的“口”）+（人，等候指示的下级），表示上级指示下级。金文承续甲骨文字形，小篆变成，隶书又进一步简化，和如今的楷书很接近。

本则中的“令”为形容词，意思是崇高的，值得尊敬的。比如敬辞中有令爱、令妹、令兄、令郎、令尊等。

这个判断是孔子的人生经验，直接把它告诉我们，可以让我们在看人时少走些弯路。就如同现在老师告诉你什么不对、不要去做一样，都是希望你们可以避开我们曾经的错误，走得更好。

那么这个结论对不对呢？应该说是很准确的。

我们知道孔子曾周游列国，阅历很广，阅人也非常多，他是从自己的切身体会中，得到这样一条看人的标准的。“巧言”不是机灵巧妙的言语，而是花言巧语，奉承迎合的言语。“令色”就是态度上看起来很仁义，但是内里怎么样，你并不知道。回头看看历史中的人和事，就知道孔子的这个结论是很深刻的。

无论怎么看，在各种流氓皇帝排行榜上都一定出不了前五的隋炀帝（后面我们会为他做一点洗白的工作），曾想要一件鹤氅衣，就是用仙鹤羽毛编织成的大氅。大氅是很风雅的，在《黄冈竹楼记》中有这样的句子：“公退之暇，披鹤氅衣，戴华阳巾，手执《周易》一卷，焚香默坐，消遣世虑。江山之外，第见风帆沙鸟、烟云竹树而已。”真是洒脱。皇帝既然有了这样的心愿，怎能不努力帮他实现呢？于是各地就开始捕捉仙鹤取羽毛。据说在四川有一个县，山上有一棵几十丈高的大树，上面有鹤巢。人们想爬上去，却因为树太高、太大而无法攀爬，只好试图砍倒这棵树。白鹤是有灵性的，大约是想到如果树倒了会伤到小鹤，于是就自己用嘴拔了身上的毛丢下去。隋炀帝听说了这件事，也很奇怪，问身边的臣子这是怎么回事，那些臣子中就有人正色说，陛下，这是福瑞啊，说明您的恩泽已经遍及一草一木，飞禽走兽也知感激报答陛下啊。

这话很漂亮，但是巧言；态度一定非常正经严肃，也就是令色。

有句话叫作伴君如伴虎，为了自己的安全，很多时候，臣子是必须要巧言的，但这并不能说明这个臣子就一定不仁。

十六国时期，皇帝石勒问臣子徐光，你觉得我可比哪一个皇帝？徐光就说，陛下您英明神武，汉高祖刘邦、魏武帝曹操，我看都比不了您，只有轩辕黄帝可以和您比一下了。

你看，这分明就是赤裸裸的奉承啊。

十六国是乱世，的确出了不少厉害的人物，可你知道阮籍怎么说吗？他对着楚汉相争的旧战场说了句："时无英雄，使竖子成名！"这个时代没有刘邦、项羽、张良、韩信那样的英雄了，只是些竖子而已。由此可见徐光的奉承程度有多高了。不过还好这个石勒很有自知之明，他说爱卿你说得太过了，朕自己觉得吧，我也就是韩信一类的人物，如果汉高祖在，我将在他手下和韩信等人争先，我和光武帝刘秀应该难分轩轾。

我个人认为，能与韩信比的人，那时候应该还没有。

但是你要注意，石勒可一点儿也没生气，对于巧言，还是很受用的。

"良药苦口利于病，忠言逆耳利于行"，说起来简单，要做到确实不易。学习生活中，老师的批评，可以说都是忠言，但总有些学生，被老师说了几句便觉得受了天大的委屈，做出一些激烈甚至极端的行为。那种时候为什么不想一想"忠言逆耳利于行"这句话呢？

如果这样，那我们老师以后就只好——

"老师您觉得我怎么样？"

“啊，我觉得论聪明程度，鬼谷子的学生苏秦、张仪也比不上你；论道德修养，孔子的弟子颜回也不行。大约只有佛祖的弟子，解空第一的须菩提能和你相提并论吧。”

问题是，你信吗？

治国方略

子曰：“道千乘之国，敬事而信，节用而爱人，使民以时。”

孔子说：“治理一个拥有一千辆兵车的国家，就要严谨认真地对待工作，诚实无欺，节约费用，爱护官吏臣属，役使百姓要在农闲时间。”

前几则里孔子一直在谈论学问的内涵就是做人做事，强调个人修养。但只强调个人修养行不行？当然不行，后世有一个形容儒生的词叫“腐儒”，迂腐的腐。刘邦就很讨厌没有实际才能的儒生，我这都兵临城下了，你还跟我谈三皇五帝，我能不急吗？郦食其还是靠自称高阳酒徒才得以见到未来的汉高祖的。

到了宋代，学儒学的人更加注重个人修养，不屑其他。清初反宋儒最激烈的颜习斋说：“宋元来儒者却习成妇女态，甚可羞。无事袖手谈心性，临危一死报君王，即为上品矣。”这是讽刺南宋以后信奉朱熹的腐儒们平时不干实事，只能在大难临头用以死报国的方式解脱。气节固然可敬，但于事无补啊。

所以接下来孔子就谈到学问的用处了，那就是经世致用。儒家的最高理想是大家很熟悉的一句话：修身、齐家、治国、平天下。儒学是讲究经世致用的学问，在大家熟悉的国产动画名作《秦时明月》中，多次化解危机的张良就被设定为儒家子弟。

“道”，动词，意为治理。“千乘”是什么？春秋时代，打仗用战车，国家的军事实力全靠战车衡量。有一种解释说，一乘是由四匹马拉的兵车一辆，车上甲士 3 人，车下步卒 72 人，后勤人员 25 人，共计 100 人。春秋时期战争频仍，所以国家的强弱都用车辆的数目来计算。在孔子时代，千乘之国算是中等诸侯国。

治理这样的一个国家十分复杂，政治、经济、军事、外交，从哪里入手呢？孔子说先从端正个人态度做起，即敬事。对一件事情认真为敬，一项职务，要么不接受，一旦接受了就要认真去做，而不要管自己喜不喜欢。你不能接受之后，做了一半，又开始抱怨这也麻烦，那也麻烦，都是我不喜欢做的。

比如你是一个学生，你既然接受了这个身份，来到了学校，进了教室，那就要敬事，要潜心向学。如果成天抽烟、喝酒、睡觉、打闹，那你为什么要接受学生这个身份？你该直接步入社会嘛。我们做老师的也一样，要么就不接受这个职业，接受了，就不该每天抱怨这不好那不好，这也累那也累，否则就是不敬事。

这里我们以三国时代的一个人物为例，和曹操、刘备、孙权、周瑜、诸葛亮这些光辉四射的名字相比，他太过平常了，早已被历史所淹没，他叫阎温，是一个城的郡守。城被马超所围，他在夜间从水路潜出去请援军，结果被捉住。马超为他松绑，说您应该看清楚目前的形势，城被攻破是早晚的事，但我不希望看到太多伤亡，您明天对城内守军喊个话，劝降一下，我一定保您平安。阎温说好。第二日，他被带到阵前后，对着城内大声呼喊：“援军不过三日至，勉之！”马超怒问他为何欺骗自己，他说我不能因为怕死而不履行郡守的职责，于是被杀了。这就是敬事，我是郡守，我就死守，尽到最后的责任。再比如新闻中报道过的最美司机，在生命的最后时刻完成刹车等一系列动作，保护了一车的人，然后趴在方向盘上死去。这样的人，值得所有人敬重，怎样宣扬也不过分。

敬事做到了还不够，接下来的“而”字，是一个连词，表示并列，意思是并且还要诚实无欺。说出的话一定兑现，接手的事一定完成，大家就会信赖你。取得了大家的信赖之后，你的权力就有了使用的心理基础，你就可以发号施令了，大家都会听你的话，这样才可以进行之后的治理工作，制定政策也好，发布命令也好，都不会遇到很大的阻碍。

那么治理国家应该注意什么方向呢？两个大方面：节用爱人，使民以时。

即使在当今，国家的财经政策也一定会坚持一个原则，那就是开源节流。大到国家决策，小到个人家庭预算，这四个字都适用。所以孔子说要节用，不要奢靡，不要浪费。

“爱人”是告诉你要体恤下属。“使民以时”，就是要在适当的时候安排人们做适当的事。比如部下生病了，你却责备他不来上班，这就是不爱人。正是农民耕作的时节，你却发布移民命令，征徭役，都别种地了，给朕的美少女们修几座宫殿，这就影响了农事，耽误了收成，就是“非时”。“非时”会引起人们的怨愤，久而久之，就会失去百姓的信任，你的权力就没有了基础。

孔子对治国发表的看法非常简单，却极有层次，从自身的敬事、守信开始，取得人们的信任，使权力有了群众基础，然后才是行使权力。治理国家从两个大方面着手就好了，财政和人民。从中可以看到孔子的眼光很有战略高度。不过呢，到了今天，一个国家的概念早已远远超出春秋时代，治国若还是只专注于这两方面，就不妥了。

雄哉北地王

子夏曰："贤贤易色；事父母，能竭其力；事君，能致其身；与朋友交，言而有信。虽曰未学，吾必谓之学矣。"

子夏说："对妻子，重品德，不重容貌；侍奉父母，能够竭尽全力；侍奉君主，能够献出自己的生命；同朋友交往，说话诚实恪守信用。这样的人，虽说没学习过，我一定说他已经学习过了。"

先看最后一句，是不是刚好印证了我们第一则的内容？人只要做到了前边那几点，那么即使他说自己没有学习过，我也一定说他已经是个有道德修养的人了。"必"字下得极为肯定。

这句话中，关于"贤贤易色"的解释很有意思，如果按照有些注释的说法，"色"就是女色，"易色"就是要替换掉女色，不要了。那么这下好了，有女朋友的，赶快分手，我要追求贤者之道了；已经结婚的，立刻离婚，不要阻挡我的求贤之路。如果孔子这样教导我们，我们还崇拜他，那不是他有问题，就是我们有问题。

那么有没有人真的会为了诗文学问而抛弃妻子呢？还别说，真有这样的。这件事的罪魁祸首是大名鼎鼎的苏东坡先生。先生的崇拜者极多，而其中一个叫章元弼的就是苏东坡的"骨灰级粉丝"。他娶了个美貌的妻子，但新婚妻子发现丈夫经常彻夜诵读苏东坡的诗，对自己不甚理睬，于是大为恼火。后来终于不能忍受被冷落，对丈夫章元弼说："看来你爱苏东坡胜过了我呀！好啊，那就把我休了吧。"

结果这个愣头青丈夫便当真把妻子休了——难说是谁休了谁，因为这章元弼后来终于回过味儿来，向朋友承认说是妻子遗弃了作为丈夫的自己，这全是为了苏东坡，不过，被抛弃的丈夫不后悔！

圣人是最通达人情世故的人，不会教人做违背天理人性的事情。

在古人的语言习惯中，如果两个同样的名词放到一起，那么很可能有一个名词要活用成其他词。比如刘向的《荆轲刺秦王》中的一句：“使使以闻大王。”这里也是这样，第一个“贤”字活用为动词，可以理解为尊重、重视，也就是尚贤。第二个就是名词，贤德、品德。连起来，就是重视品德。

“易”字，解释为轻视、不重视。

“色”字，如果让你们联想一个词，你们第一个想到的多半是“好色”，不过这也没什么丢人的，楚国人宋玉就专门写过一篇《登徒子好色赋》，来讨论这个问题。“色”有许多个义项，其中之一呢，就是容貌，所谓“艳色天下重”。

重视品德，不重视容貌。这说的是什么关系呢？提供给大家一种解释。你看下文中分别是父母、君臣、朋友，都是一种特定的人际关系，那么此处指的应该就是夫妻关系。补全就是，对于妻子，要重视品德，而不看重容貌。

这个是典型的说起来容易，做起来难。都说红颜是祸水，但事实上谁都愿意引祸上身。真正达到子夏所说的标准的人，一个是诸葛亮，另一个是举案齐眉的男主角。此男名梁鸿，不慕权贵，不娶美女，却给一个又胖又黑又丑的姑娘下了聘礼。不仅如此，媳妇儿打扮好看点他还不理人家，非得老婆换上布衣草鞋，又亲自劳作，他才把人当老婆。好在夫妻俩也算志同道合，最后他还给媳妇儿取名孟光，取字德曜。

下一句，我们注意子夏用的这一个“竭”字，他要你能竭尽全力，而没有要求你一定达到什么样的结果。所以说儒学是很体谅人心的学问。

有这样一副对联：

百善孝为先，原心不原迹，原迹贫家无孝子；

万恶淫为首，论迹不论心，论心世上少完人。

如果我们给孝顺父母定一个标准，必须要住上高大宽敞的房子，吃上珍馐美味，穿上绫罗绸缎，这样才是孝，那么这样的孝子你只好到富贵人家去找了。比如我在北京工作，随随便便一套房子上百万，无论我如何勤恳上班，这几条也达不到。可是我每月工资有一千，寄给父母八百；而另一个同事每月一万，但只给父母一千，那我们谁更孝顺？显然是我，因为我竭尽我所能了。不止亲情，爱情也是如此，不要看对方拥有多少，而要看他/她为你付出多少。

下一句，“事君，能致其身”。

这里我们举一位古人为例——刘谌，三国时期蜀汉宗室，蜀汉昭烈帝刘备之孙，后主刘禅第五子，封北地王。

邓艾大军兵临成都城下时，后主将从谯周之策，北地王谌怒曰：“若理穷力屈，祸败必及，便当父子君臣背城一战，同死社稷，以见先帝可也。”刘禅没听刘谌的话，还是派人向邓艾送交了玉玺。当天刘谌来到宗庙中痛哭，接着杀死了妻子儿女，然后自杀。

后人有诗叹云：“君臣甘屈膝，一子独悲伤。去矣西川事，雄哉北地王。捐身酬烈祖，搔首泣穹苍。凛凛人如在，谁云汉已亡！”

这个例子似乎不是很恰当，因为准确地说，他不是为国君而死，而是为蜀国而死。但不知为什么，每次读到“事君，能致其身”这句话时，我都会想到他。他没有生在三国风云激荡的那个时期，但却用一种最激烈的方式回应了那个时期，成为三国最后一缕回响。

为昏庸的君主献出生命，我们可以批判为愚忠，但我们不可以批判这种高贵刚烈的精神。只要有了这种精神，你可以把君字换掉啊，如果你侍奉的是国家呢？那就是忠义，就是爱国。如果有一天世界大同，没有了国家这个概念，那么这个国字还可以换成你的信仰，你的坚持。

所以经典永不过时。

对待朋友，要言而有信。“言而有信”这个成语便出自这里。假设一下，我们是很好的朋友，我说今晚请你吃饭，可结果当天太忙，我忘记了，你会不会因此而和我绝交？我想多半不会，因为这是人之常情。那孔子为何如此强调信？《论语》中“信”字出现的频率很高，孔子教育学生的四大内容——文、行、忠、信，“信”占据其中一个很重要的位置。

原因我们在前言中说过，孔子不是在回答一个人的问题，他要回答的是社会中所有人应该怎样做的问题，这便是定义社会规范、价值标准，所以《论语》才被称为经典。不然的话，你哭，你笑，你的喜怒哀乐，和我有什么关系？我为什么要读？

社会正常、健康运转的条件之一就是诚信。彼此揣摩、互相试探、言不由衷是经济学中最可怕的一种情况，因为这样做的社会交易成本非常高，将严重阻碍经济活动的展开。孔子一定是不懂现代经济学的，但我想，他一定是凭借着对社会的敏锐洞察感知到这一点的。

孔子在定义社会的价值观。请牢记这一点，它是阅读《论语》的原则之一。

最后一句下结论，我们在第一自然段已经说过，就不重复了。

温、良、恭、俭、让

子禽问于子贡曰：“夫子至于是邦也，必闻其政，求之与？抑与之与？”子贡曰：“夫子温、良、恭、俭、让以得之。夫子之求之也，其诸异乎人之求之与？”

子禽向子贡问道：“老师一到哪个国家，必然听得到这个国家的政事，（这）是他自己求来的呢，还是别人主动告诉他的？”子贡说：“老师是靠温和、善良、恭敬、俭朴、谦让来取得的。他老人家获得的方法，和别人不相同吧？”

周游列国的孔子，每到一处便能知晓这里的政事，他是怎样做到的？如果我们的老师总是这样汲汲于政事，是否不妥呢？这大约是子禽的潜台词，但没好意思明说。子贡回答说，这是因为孔子具备温和、善良、恭敬、俭朴、谦让这五种道德品格，所以人家主动告诉他的。这是由他门下最著名的弟子子贡概括出来的，非是夫子自夸，所以更为客观可信。子贡是孔子弟子中很出色的一个。据司马迁的《史记》记载，为救自己的祖国，子贡曾出去游说了一番，其结果便是整个局势发生了巨大的变化，这实在是太牛了。关于这个故事，我们会在后文中详述。

下面简单说说这五种品德：

温，君子温润如玉。

古人用玉来形容这种温和，十分恰当。不刺目，不张扬，就那样站在那里，你就觉得温暖。杜甫写的诗中有一句“画图省识春风面”，“春风面”就是女子美丽的容貌。若说“面如春花”的话很好理解，形容女子长得如花一般艳丽，春游踏青时多半还会被“蜜蜂”青睐，这种感觉看得见。但春风看不见啊，怎么理解呢？春风虽然看不到，却可以感受，吹拂到脸上，温暖舒服，微醉微醺。因此，用今天的话来说，这一定是一个治愈系美人。这就是“温”。

良，善也。“温”是外在的气质，“良”就是内心的原则。

“恭”，是恭敬，也可理解为恭谨。无论对人对事，该恭谨的时候绝不玩笑，这点很重要。生活中，总有些事是该严肃面对的。我还记得有一年的“九一八”纪念日，课前，我说今天是一个纪念日，我们没有什么能为那些牺牲的烈士做的，就默哀一分钟吧。于是全班同学都低下了头，但仍有一两个平素就很调皮的男生，故意发出抽泣的声音，以博一笑。然而，没有人笑，这不是可以拿来嬉笑的事。

俭，古语云：“俭以养德。”衣、食、住、用、行都节俭，不浪费，久而久之，欲望也就得到了节制，少些欲望，人就容易快乐，所以说，可以养德。由俭入奢易，但是由奢回俭难，你觉得贾宝玉和林妹妹出了大观园，还能好好过日子吗？

让，有一个词叫“功成名遂”，功业有了，声名也有了，人生圆满了，剩下的岁月该做些什么呢？有人喜欢写字，有人喜欢画画，还有人爱好四处演讲。我曾经有幸聆听过一位领导谈学习的重要性，听完一次之后以为可以毕业了，但我错了，我低估了领导诲人不倦的热情。之后他又来了一次，演讲的内容竟然完全一样。不过，我也明白了一个道理，就是只要你用心，无论什么样的会议和讲座，其实总能学到些东西，比如你看现在，我就学会了折漂亮的千纸鹤。

好吧，扯远了，我们回来。《道德经》里有一句：“功遂身退，天之道。”我们都学习过《鸿门宴》，如果再去翻翻《史记》，就会发现汉初三杰的结局都不一样：韩信功成不退，结果被杀；萧何功成也不退，虽然得以终老，但后期却多次被刘邦怀疑，险些被杀；只有张良，选择了隐退，善始善终。

上面这五个字，描写了孔子的风度、性格以及他的修养。这就是君子的表率，有没有一种听其描述，想见其人的感觉？

何谓好学

子曰：“君子食无求饱，居无求安，敏于事而慎于言，就有道而正焉，可谓好学也已。”

孔子说：“君子，吃饭不追求过分饱，居住不要求舒适，对工作不拖沓，说话却小心谨慎，多接近品德高尚的人以匡正自己身上的缺点，这样，可以说是好学了。”

“食无求饱”是让人吃不饱饭吗？“居无求安”是让人专挑陋室寒窑居住吗？如果这样理解，那就叫“死于句下”了。

不求饱，尤其在艰难困苦的环境之中，不该有过分的要求。不求安，住的地方，适当便好，不要贪求过分的安逸。现代科学也早就指出，饭吃到七八分饱就是最好的状态，太柔软舒适的床对脊柱不利。即使是从养生上看，这两句话也是正确的。它们的中心意思是告诉我们不必过分追求物质生活的享受，而应该重视精神的升华。如果不去节制自己对物质的欲望，等到物质欲望都满足了再去追求精神，那么可能永远都不会有那样一天。不要忘了一个词——欲壑难填。

然后，勤快做事，少说废话。这句似乎没什么技术含量，但我们的确都喜欢默默实干的人，而讨厌夸夸其谈的人。

“道”可以记载于书本中，也可以体现在有德的君子身上，孔子没有说具体是什么。书本也好，身边的人也好，只要是有“道”的，就要去靠近，匡正自己，不要拘泥于形式。你觉得自己是读书人，认为“万般皆下品，唯有读书高”，所以高人一等，不屑和俗人交流。可美丽的莲花就生于污泥之中，底层平凡人的身上也许就藏着人性的坚忍与美丽。沉溺于书中，寻找真理，却不与周围环境交流，独自宅出一个世界，也不对。

学问的道理，不是死磕书本。读死书，死读书，乃至读书死（汉语真奇妙），都是不对的。你要关注现实人生，在生活中体味做人的悲欢与生命的喜乐。

做到这些，即为好学，你就是个好学生了。什么？你说你每次考试都是优？对不起，孔子讲究素质教育，不会认可分数至上的观点。

反求诸己

子曰：“不患人之不己知，患不知人也。”

孔子说：“不担心别人不了解自己，只怕自己不了解别人。”

这是本篇的结论。读到此处，再想一想开篇的第一则："人不知而不愠，不亦君子乎？"是不是刚好形成了一个绝妙的前后照应？《论语》的编排是讲究文学技巧的。

《学而篇》至此，就结束了。

请谨记，儒家的学问，目标是成人成德，学习如何做人做事。这道理看起来容易，做起来却很难。

勉之！

为政篇第二

北辰高远

子曰：“为政以德，譬如北辰，居其所而众星共之。”

孔子说：“用道德来治理政事，就会像北极星那样，自己在一定的方位，而群星都会环绕在它的周围。”

一个我们都知道的史实对比是：凶悍的秦国使用严刑峻法，本想千秋万世，却只传了两世便亡国；刘邦入主咸阳仅约法三章（文言中数词一般是约指，但此处却是确指，就只是三条而已）：杀人者死，伤人及偷盗者抵罪。结果很快得到了民心。这不得不感谢秦国峻法的对比。

“共”即“拱”，拱卫、环绕的意思。夫子比喻说以道德治理国家的君主就如同天空中的北极星，其他星斗都环绕着它运动。从文学角度说，孔子所选用的喻体非常合适，帝王都是坐北朝南的，为什么坐在北方？就是因为那是北辰所在的方位。所以文言中的“南面天下”（“南面”是个倒装，即面向南方），就是称帝的意思；而“北面事之”，就是称臣的意思。看，你们又学到一个文言知识。如北辰一样让众星围绕，而自己岿然不动，这岂非很美妙的一件事？重要的是，想要做到也不难，仅凭一个“德”字就够了。

但，我们要质疑的是：真的这样简单吗？

要知道，战国之时，各国都在发展军事，以力争雄。想攻打哪个国家也不需要什么道理，生死看淡，不服就干，管你仁德不仁德。那么当人家出兵伐我的时候，难道我去和他说，我鲁国以科学立国，道德为本……（以下省略一千字）然后他就退兵了？并且对我鲁国的景仰有如滔滔江水连绵不绝，永世不再冒犯？

请各位注意，嘴炮这种技能只有在动漫中是无敌的，现实中请谨慎使用。

儒学的二号人物孟子就曾被人如此问过。滕文公问曰：“滕，小国也，竭力以事大国，则不得免焉，如之何则可？”孟夫子就给他讲了一个故事：在很久很久以前，我们的周太王曾居住在豳地（“豳”音宾，是个古地名），本来生活得很快乐，可那些野蛮的狄人不断进犯。周太王本着消财免灾的美好期望，把兽皮、丝绸送给狄人，不行，照打不误；把宝马、名犬送给他们，还打；把珠玉财宝也送了，依旧打。于是太王愤怒了，召集族中的老人，告诉他们说，狄人想要的，无非是我的疆土，土地本来是供养人的东西，如今却要害了你们，君子是不允许这样的事发生的，你们不用担心没有君主，以后就跟着狄人混吧，我要离开这里！

说走就走，不再犹豫，他离开豳地，翻越梁山，在岐山脚下筑城定居下来。

豳地老百姓感动莫名，天啊，这是位仁德的人啊！不能失去这样的领袖，我们也走。跟随他的人如赶集一样多。当然，也有人说，这是世代相传的土地，我们宁愿战死也不离开。

故事说完后，孟子建议说，请您在这二者中选择其一。

什么？你没看懂这个故事的内涵？要简单点的？好，没问题，简单地说，面对滕文公所说的这种情况时，从德的角度出发，办法有两个：要么逃跑，要么等死。

那么孔子是不是被打脸了呢？这个嘛，且听我道来。

注意文本本身，孔子说的是“为政”，而不是存政、保政。“为政”的意思是治理国事、处理政务。也就是说，前提应该是处在一个相对和平稳定的局势下。如果是在动荡不安的环境里，首要任务应是存政、保政，那自然是权谋、军事先行，道德起不了多大作用。夫子熟知经史，周游列国，怎么会连这点道理也不明白？

再说，什么是政治？用西蒙·佩雷斯（1994年诺贝尔和平奖获得者）在《诺贝尔奖获得者与儿童对话》一书中的表述回答就是：政治是调节的艺术。

在一个和平的执政时期内，调节人与人之间的事务，若不以德为原则，难道还有什么其他更恰当的方式吗？当初汉高祖打下江山之后，很不尊重儒生，自称是马上得来的天下，却被人一句“居马上得之，宁可以马上治之乎”噎得没了下文。不过刘邦很好的一点是从善如流，听了这话立刻重视起文化礼教来。大汉王朝传国几百年，文化道德功不可没。

打天下，靠武力；安天下，靠仁德。看看开头提到的史实对比就能理解，夫子在此提出的为政大原则，是没有问题的。

成之以法

子曰："道之以政，齐之以刑，民免而无耻；道之以德，齐之以礼，有耻且格。"

孔子说："用政法来引导百姓，使用刑法来约束他们，民众只求免于犯罪受惩，却没有廉耻之心；如果用道德来引导百姓，使用礼制来整顿他们，民众不仅会有羞耻之心，而且人心归服。"

在一个科技高度发达的时代，社会已经无须人来管理，而是由一个名为西比拉的系统依据数据分析决定一切。是的，一切，有系统在，没有任何事是需要你担心和考虑的。至于犯罪，是没有的，因为系统会检测每个人的犯罪指数，只要出现数值升高的情况，就会被处理，将犯罪消灭在萌芽状态。

听起来很理想。如此理想的国度，我们有一个词来形容，叫乌托邦，或者理想国。要不然中国风一点，叫桃源也未尝不可。

可是，真的消灭罪恶了吗？

一种可以避开系统监控的头盔被发明出来，并被随机提供给任何人。于是出现如下场景：一名戴着头盔的中年男子，毫无征兆地锤杀了一名红衣女子，就在人流如织的闹市街头。他没有任何负罪感，一下接一下，动作坚定自然，仿佛在做一件期待已久的事。旁观的人也十分漠然，因为他们甚至不知道这是否叫犯罪，即使是犯罪，也有系统负责处理。随后，得到头盔的人越来越多，人们逐渐开始释放心中的暴虐，整个城市陷入暴力混乱之中。

这部动画片的名字叫《心理测量者》。它的脚本作者，是爱好二次元的同学绝不会陌生的，大名鼎鼎的虚渊玄。他的风格就是笔下人物基本没有一个能善终的，专走悲剧路线，虐你没商量。但偏偏江湖人送绰号——“爱的战士”，足见粉丝们爱恨交织的复杂心情。

刚刚我们描述的情形，可以作为夫子本段话很好的注解。一个社会如果单纯地用法律与惩罚来管理，因为人人都害怕惩罚，也就不敢去违法乱纪，那的确会获得一种安全和平的局面。但你不能只看到这一表象，你还要知道人心，他不是觉得不能犯法，而是不敢，实际上种种恶念并未消失，只是在心中压抑着。这种心理就是一股暗流，一旦某一天他觉得不在乎了，豁出去了，就可能造成极大的危害。

看这部动画的时候我并未觉得发冷，因为毕竟是虚构的作品。可当我联想起身边的新闻，想到发生在国外的多起枪击案，想到那些射杀无辜者泄愤最后又自杀的人，却感到阵阵寒意。而夫子早已看到，只有使人从心里发生改变，才能真正形成一个和谐文明的社会环境，故而他主张“礼”。以礼教化，用礼义的精神让人明白是非曲直，这样人们做错了事，自会产生惭愧的心情，这种心情谴责着自己，根本不用等到法律制裁，就已经很难过了，这就是有耻。

不过如果我们思考得深入一点，就会发现还有问题。

一件事要做成，需要的是四个字：因缘和合。注意，是因缘不是姻缘。“因”指的是内因，“缘”指的是助缘，也就是外在的条件。比如一粒种子要发芽并最终长成参天大树，肯定需要阳光、雨露、土壤等外在条件。但光有这些也不行啊，种子本身如果没有长成树的动力，你浇多少水，晒多少日光浴，肯定也发不了芽。

只靠外在的道德引导、礼仪约束，真的就能让人产生羞耻心吗？

现在轮到亚圣出场了，孟子当然也发现了这个问题。他通过考察补充说，其实人生下来就具有四种心，其中一种就是羞恶之心，天生的，只是你可能没有意识到。你所需要的，只是保护、培养这种心，而礼仪的教育与熏陶就是最好的培养。

所以说，孔孟合璧，仁者无敌。

但是（通常这个词后边的话才是作者真正想说的），千万不可偏废，道德的力量不是万能的，更不是全能的。孔子虽然讲仁义，却也有立杀少正卯的决绝。这件事是怎样的呢？少正卯的名字虽然很酷，但在典籍里面露脸的时候可不多，就这么几句：“孔子为鲁摄相，朝七日而诛少正卯。”难得出现一次，还刚露个脸就被灭了。夫子为什么杀他？有一种说法是这个人很会讲学，所以吸引了许多孔子门下的弟子过去，据说使得孔子门下三盈三虚。这帮弟子也没什么节操，这边讲得好去这边，那边讲得好就再回来，独颜回对孔子不离不弃。要知道，优等生是升学率的决定性力量，大家谁不想要？而像子贡、子路、颜回这样的特优生更是可遇而不可求的。少正卯居然敢和孔子他老人家抢生源，那当然是非死不可了。也就是说，少正卯光荣地牺牲于和夫子的生源大战之中，为后世警醒，有主的干粮不能碰啊。

这样的猜想很无聊。

夫子杀他，是因为该人有五恶：心达而险、行辟而坚、言伪而辩、记丑而博、顺非而泽。这样有能力的恶人对整个社会的安定团结是一大危害，必须诛杀。这就是运用刑法的力量。道德解决不了的，只能如此。

所以，本之以仁，成之以法，大概可以无偏矣。

冰鉴

子曰："视其所以，观其所由，察其所安，人焉廋哉？人焉廋哉？"

孔子说："（要了解一个人）应看他言行的动机，观察他为达到目的所采用的方式方法，了解他的心情，安于什么，不安于什么。这样，这个人怎样能隐藏得了呢？这个人隐藏得了什么呢？"

在古代，始终流行着一种说法：人的仪态与品行之间一定存在着某种联系。

比如司马懿，他有着令人胆寒的"狼顾相"——传说当曹操从身后呼喊他时，司马懿整个脸都转向了后面，而身体却能继续保持前行，宛如正在觅食的狼。这是证明一个人狡诈阴险的凭据。当然，这些描述是很夸张的，或者说，干脆就是臆造，但它迎合了普通人对权臣的想象。

连司马迁也不能免俗，他说我听说古代的圣人舜是重瞳子（眼睛里有两个瞳孔），又听说项羽也是重瞳子，"羽岂其苗裔邪？"相术认为重瞳是一种异相和贵相，代表着吉利与富贵，而且往往是帝王的象征。在我们的民间文化中，看相是很有意思的事情。通过看手相、看面相，可以"预测"人的命运与祸福吉凶。天桥闹市摆摊的常常号称什么"半仙"，一开口就是："先生，我看你印堂发暗，最近必有霉运啊。"接下来自然就是如何破的问题了，最后肯定离不开钱。半仙果然只是半个仙，另一半还是俗。

以上实属骗人，算不得数，也谈不上什么传统文化。我们中国文化中的看相，还有一种，叫看神相，这个，才堪称神奇。

提到清代名臣曾国藩，有人说他有十三套学问，传下来的只有一套，就是现在在各大书店还时常能见到的《曾国藩家书》。但其实还有一本也传了下来——《冰鉴》，就是他看人看相的学问。后世人从中总结出各种类似秘籍一样的东西，什么八诀九法十六字，是否可靠不太好说，但你看他说的这些，却非常有道理。

“事业看精神。”这个是当然的啊，一个人精神不好，没做多少事就累了，整天都是亚健康状态，还能有什么事业呢？事业好的人多半身体也好，精力一定过人。所以现在提倡锻炼身体的重要性，据说已经有大学开始规定，体育不及格者不予毕业。

“若要看条理，只在言语中。”这个只要试着写篇议论文就知道了，表述清楚、议论透彻的，一定是思维清晰、条理分明的人。

著名大臣李鸿章曾带了三个人去见曾国藩，这其实是一种举荐。但不巧曾国藩外出不在，便让他们在客厅中等候。不久曾国藩回来，李鸿章说明来意，请其考察三人。曾国藩却回答说不必了，面向门厅、左手边的那个人比较忠厚谨慎，可以负责后勤供应之类的工作；中间的那个人圆滑摇摆，不可信任，宜委以一些无足轻重的小事；右边那位可独当一面，当托以大任。李鸿章自然惊奇不已，忙问原因。曾国藩笑道，刚才回来，走过他们身边时，左边那个人立刻低头不敢仰视，可见其拘谨小心；中间那人表面恭谨，待我过去后便左顾右盼，可见表里不一；右边那位始终挺拔直立，目视前方，微微示意，不卑不亢，当可为栋梁。这个栋梁之材就是后来的台湾巡抚，战功卓著的刘铭传。

这样看人，是科学，不是迷信。他的这种做法，放在现代叫微表情心理学。而孔子看人，却又更加高明。

一看动机，而不是结果。这和大多数人论事只论结果好坏相比，高下立判。说这样一个故事，古时候有个人被控用刀杀人，这是大罪，要偿命的。他去求讼师，也就是今天的律师，问能否活命。讼师要一千两银子，包他活命。为了保命，一千两就一千两吧。银子到手，讼师将送出去的公文抽回来，在“用刀杀人”的“用”字上轻轻加了一笔，变成“甩”字，“甩”刀杀人就属于过失杀人，不必被判死刑了。若从经济的角度看，这是一个双赢的结局，很好啊。可是你能说该事件中的讼师是个好人吗？当然不能，因为他的动机不是救人，而是牟利。

二看手段。知道了动机还不够，还要看他做事的方法。不同性格的人，做同样一件事，方法自然是不一样的，由此也可以看出一个人的品格。比如若要保护一对误杀了可恨前夫的母女，可以怎样做？大概无外乎毁灭证据、伪造证据、编造不在场证明，或干脆逃之夭夭。我们能想到的大约也就这些了。你以为这就可以了？无论你怎样想，都想不到东野圭吾的程度。这里我们卖个关子，推荐大家阅读《嫌疑人X的献身》。看过之后，你去评价石神这个人，就要从他的手段来看。

能观察至此，已然够了，但孔子却说，还要“察其所安”。“察”比“视”的程度又深了一层，要洞察，要审视。知道了他因何去做这件事，也知道了他如何去做的，还要观察他做此事时的心情如何，安还是不安。就比如捐款，一个人捐款是为了帮助别人，动机很好，捐给合法的机构这种方式也没什么问题，但他的心情如何呢？如果是很平静祥和，很高兴，比被他帮助的人还要快乐，那这个人自然是很好的；可如果他表面笑容可掬，心中却难受得要命，那就是另一种情况了。

许多人做了坏事还很安心，因为他们觉得现在社会上大家都这样，甚至还感觉做坏事显得自己有本事。考试抄袭得到满分，他们觉得那是自己有办法，会变通；辜负别人的情感，他们觉得这是他们的魅力，说明自己有手腕。这种心态可以展现出很多内在的东西，据此来判断一个人，就更准了。

从这三个角度去考察一个人，“人焉廋哉”，的确，不可能看不透啊，还能隐藏什么呢？孔子自己就把他的弟子和同时代的人都看得很透彻。“知人者智，自知者明”，孔子不愧为智者也。

君子不是东西

子曰：“君子不器。”

孔子说：“君子不像器具那样（只有某一方面的用途）。”

本句如果直译的话就很有意思——孔子说：“君子不是东西。”这不是骂人吗？怎么能说君子不是东西呢？但好玩的是，你也不能说君子是个东西啊。

“不器”的意思是不能如某种器具一样，只具有单一的用途，是个比喻的说法，意指君子要多才多艺。这里要注意的一点是，这句话是放在《为政篇》中的。夫子并非要求每个人都成为通才，那样的话未免有些不近情理了，他只是要求执政的人各方面都要懂一些。这很重要，因为外交、经济、政治、军事、教育、交通、卫生等都是国家事务的重要方面，如果你不懂，就只能依靠你的顾问团，或完全交由下级官员去做。如果他们欺负你不懂，就可以用各种手段徇私舞弊，扰乱国家秩序。为政的君子既然担负着治国安邦的重任，就应当博学多识，具有多方面才干，而不只局限于某个方面。

不过不得不说，在古代，各领域知识还不那么丰富，君子通六艺也不见得多难。放在分工和专业化程度都极高的今天，你穷尽一生也未必能做到完全精通一门知识，君子不器，何其难矣！

当然了，无论为不为政，多才多艺的人，大家总是喜欢的，就像一个不会跳舞的写手不是一个好的语文老师一样。

比与周

子曰："君子周而不比，小人比而不周。"

孔子说："君子团结而不与人勾结，小人勾结而不团结。"

仍然要在为政的环境中理解这句话。

篆文"比"字是象形字，看起来像两个人向同一个方向走，亦步亦趋，关系很亲近。"比"一点，从个人交往上看，可算是人之常情，谁没有三五知己、一两个闺密呢？现代社会人际关系多样化，不仅有红颜知己，还有蓝颜知己；不仅有女闺密，还有男闺密；另外，还有朋友以上、恋人未满的关系，甚至还发展出"办公室情人"这样的词汇。不过这些我们都不讨论。

但为政的人却绝对不可以"比"，因为你若"比"的话，接下来就有可能重用和你关系好的人，那就是用人唯亲，结果便是结党营私，形成朋党，对国家危害很大。之前很热闹的朴槿惠闺密干政事件，就是一个极好的说明。如果朴槿惠不是韩国总统，那闺密帮忙改改稿子又有什么不可以的？人们也不会拿来说事。但你是为政的人物啊，怎么可以搞连带政治呢？你看，地位不一样，同样的事情，就会有不同的后果。

在宋仁宗时期，范仲淹推行新政，一批志同道合的君子聚集在他周围，刚好是"周而不比"的一个写照。可惜，也被人指责为朋党。尽管欧阳修老先生写下了著名的《朋党论》为之分辩，但仍然无力改变仁宗的决意。范仲淹随即被贬谪，新政就此搁置。不过他个人仕途的不幸，倒成就了文学史的幸运。一篇《岳阳楼记》挥洒自如，流传后世，成为如今学子们默写必背的篇目之一。

不知曾经或正在或即将被摧残的学子们此刻的心情是怎样的呢，哈哈。

心服口服

哀公问曰：“何为则民服？”孔子对曰：“举直错诸枉，则民服；举枉错诸直，则民不服。”

鲁哀公问：“做什么才能使百姓服从呢？”孔子回答说：“把正直的人提拔出来，放在邪曲的人之上，老百姓就会服从了；若是把邪曲的人提拔出来，放在正直的人之上，老百姓就不会服从。”

这里的“诸”字，并不是各位的意思，而是“之于”的合音词，所以才有上面的翻译。

“服”一般分两种，心悦诚服叫“服”，口服心不服也叫“服”，但效果可大不一样。这两种服法，分别可以对应古代治国理念中的两个词——王道、霸道。用武力使人屈服，口服心未必服，就是霸道；以德不以力，用仁德的方式使人顺服，才是王道。

哀公的发问与孔子的回答，自然都是针对王道而言。

举贤任能，正直又有才华的人得到重用，人民自然就心服了，这似乎是个很简单的道理啊。哀公是当时鲁国的国君（姓姬名将，“哀”是其谥号，这是一个表同情的谥号，看这个谥号你就知道他这个国君当得多半很辛酸了），鲁国是孔子的祖国，自己国家的领袖问他怎样使老百姓心服，为什么他却说了个这么简单的、人人都懂的道理给国君听？

因为凭君主的权力，“举直错诸枉”也许真的不难，但前提是，先要识别出“直”来。识别人才，本就是帝王必备技能之一，但这点却很难。钱锺书先生说过：“巨奸能为忧国语，热中人作冰雪文。”大奸大恶的人表起忠心来可能十分真切，古道热肠的人写起文章来也许是“捧出新词字字冰”。人分表里，“画龙画虎难画骨，知人知面不知心”。你如何断定谁是忠臣，谁是奸臣，谁有才干，谁没能力？

所以唐太宗才下结论：“治安之本，唯在得人。”各方面的人才我都找到了，那么我轻松了，把所有事务都交给他们去做就好。我每天就批批折子，你看当皇帝多潇洒。可如果没人才，今天这里黄河改道了，明天那里六月飞雪有冤情了，光奏折就每天一百多斤，这个皇帝有什么好当的？

如果再联系鲁国当时的国情，夫子这句话的意思，就更明了了。

鲁哀公是春秋十二公中的最后一位，在位期间，国事日非：内有权臣三桓（即鲁国卿大夫孟孙氏、叔孙氏和季孙氏）把持朝政，虽有圣人孔子而不能重用；外有吴、越、齐交相侵扰，虽贵为周公苗裔却无从防御。哀公手下并无忠心可用之臣，他也未能选拔一些有才干又正直的人才来形成自己的力量，去对抗三桓。

二十四年，他硬要将自己宠幸的侍妾立为夫人，将侍妾所生的公子荆立为太子。虽遭众人反对，又被负责宗族事务的官员规劝，但仍旧一意孤行，造成的结果是乱礼，“国人始恶之”。

二十七年，他无法忍受三桓的强横，三桓之族也无法忍受他的妄为，君臣之间变得水火不容。一次他出游，在孟孙氏门前遇到孟武伯，便试探性地问自己能否善终，三问，而孟武伯不答。他感到形势严峻，就想借越国的力量清除三桓势力，于是辗转前往越国。越国不愿帮助一个失去民心的君主，鲁哀公就此客死异乡，生前再也没能回到鲁国。

"举直错诸枉，举枉错诸直"，如果哀公可以做到，是不是一切都会不一样？然而历史，永远不能假设。

八佾篇第三

注：本篇关于古代典章礼仪的内容讲述得较多，重在体现礼的精神，如今理解起来比较困难，我们仅选四则来讲解。

繁华落尽

林放问礼之本。子曰：“大哉问！礼，与其奢也，宁俭；丧，与其易也，宁戚。”

林放问礼的本质。孔子说：“你的问题意义重大啊！礼仪，与其铺张浪费，宁可朴素简约；就丧礼来说，与其仪文周到，宁可真正悲伤。”

林放，鲁国人，具体情况不详，类似于路人甲这样的角色。他问孔子，礼的根本是什么。

孔子没有马上回答，而是先感叹了一句，大哉！这个问题问得好，问到了根本。

我们每天都忙忙碌碌。学生们早读、早饭、一口气上课到牛羊都归家的傍晚，接着是晚自习，周而复始；而我们老师呢，赶校车、吃早饭、上课到月朗星稀的夜晚，回到家中，看看宝宝甜美的睡脸，然后睡去、醒来，同样周而复始。我们身边的人也并没有什么不同。可是突然间，某一刻，你看着世界人来人往，觉得这一切仿佛变成一个电影画面：背景模糊，每个人都步履匆匆，你也置身其中。突然，一个声音问你，人活一生，究竟所为何来？如晨钟暮鼓，如醍醐灌顶，你这才想到，活着的意义是什么？

我们是礼仪之邦，事事尊礼；我们是文明的现代人，处处讲礼。可你有想过吗？礼仪的根本是什么？所以在回答前孔子先感叹了一句，这一句大有对林放发问的赞扬，也有对世人忽略这个问题的感慨。

这个问题太大了，就像你问我生命的意义是什么一样，回答都可以写一本书了，你要我怎么三言两语就回答呢？传统文化中，“礼”这个概念外延很广，没法回答。但孔子可以回答，他不谈哲学，也不谈文化精神，只答复关于礼仪本身的问题。

与其铺张扬厉，宁可简单从容；与其草率敷衍，宁可悲伤真挚。这个回答中，“奢”也好，“俭”也好，“易”也好，都只是形式，而“戚”才是内容、本质。换句话说，礼的本质是情感，真挚的情感，一切外在仪式都只是为了维系情的稳定，如果情感不真挚，那礼仪也就失去了意义。

这个根本太重要了，只是我们在忙碌中渐渐忘却了它。

请别忘记，曾经有一片鹅毛，被铭记至今。

唐时，一地方官为表达对皇帝的敬意，派一个名叫缅伯高的人去进贡一只天鹅。缅伯高跋山涉水，经过沔阳湖时为天鹅洗澡，结果天鹅逃跑，只剩下一根鹅毛。他并没有畏罪逃走，而是带着这根鹅毛和一首诗去朝见天子。故事的结果是，皇帝不仅没有怪罪，反而奖赏了他。

你当然已经猜出，关键就在这首诗上，他写的是："上复唐天子，可饶缅伯高。礼轻情意重，千里送鹅毛。"

神灵不受

季氏旅于泰山。子谓冉有曰："女弗能救与？"对曰："不能。"子曰："呜呼！曾谓泰山不如林放乎？"

季氏要去祭祀泰山。孔子对冉有说："你不能阻止吗？"冉有回答："不能。"孔子说："唉，难道说泰山之神还不如林放吗（居然会接受这不合礼仪的祭祀）？"

林放呢，就是上文中那个路人甲。

孔子在此处感叹，难道泰山之神还不如林放吗？这是个反问句，泰山之神当然不会不如林放，林放懂礼，泰山之神也一定懂，所以神是不会接受这样不合规矩的祭祀的！夫子的感叹就这样被记录在这里，他到底想说什么呢？

冉有是孔门七十二贤之一，多才多艺，尤擅理财，曾为季氏家臣。"旅于泰山"当然不是像今天这样到泰山去旅行游玩，如果季氏只是到泰山看看日出、观观云海，顺便抒发一下要为鲁国的富强而努力拼搏的精神，那孔子何必感叹？

"旅"在此处是祭祀的意思。我们先跑下野马，在古代，和泰山有关的祭祀，不能不说的便是封禅了。如果说拥有五湖四海的帝王还有什么欲望的话，那多半就是“泰山封禅”了。古人认为泰山是天下最高的山，人间地位最高的帝王应当到这座最高的山上去祭祀至高无上的神灵。“封”是祭天的意思，“禅”是祭地的意思。

不过，在几千年的封建社会历史上，上泰山封禅的皇帝极少。据统计，自秦始皇起，至大清灭亡时，只有六位皇帝封禅，分别是：秦始皇、汉武帝、汉光武帝、唐高宗、唐玄宗、宋真宗。宋真宗之后再无封禅，偏偏他的封禅还是一场闹剧，历史上那些不得封禅的明君若泉下有知，不知道要怎样委屈呢。比如英明神武的唐太宗李世民就曾想封禅，但每次都被劝阻，最有可能的一次也因为天现彗星不吉利而作罢。后来明太祖朱元璋取消了泰山的封号，所以明清两朝便不再有封禅，而是改为祭祀。

季氏的举动虽然谈不上什么封禅，只是祭山，但那也不行。古人的观念里，泰山有神，国家的领袖只有功德圆满才能到泰山去祭告天地。按礼，只有天子和诸侯才有资格祭名山大川，不用说，季氏是没资格的。没资格去做却非要做，就是僭越。僭越的下一步呢？可能就是谋反了。一旦谋反，成与不成，都会成为历史罪人，被记录到史书中，永远洗不去。所以孔子问是否能阻止。冉有也明白，但无可奈何，因为冉有说的话他们不听。

孔子于是叹息：难道泰山还不如林放吗？难道泰山之神不懂礼吗？这句话体现了儒家正直务实的精神，虽然不直接否定鬼神之说，但并不寄希望于此。人最终靠的还是自己正直的品行，你不走正路，狡猾邪恶，就算拜尽了漫天神佛又有什么用呢？在《射雕英雄传》中，瑛姑曾讥讽一灯大师道：“原来做了错事就可以出家做和尚，怪不得天下间的和尚那么多！”虽然是讥笑之语，但不无道理。如果神佛不分善恶，有求必应，那做人真是很容易，我大可以做了坏事再去忏悔。然而这岂是神的本意？

弦歌雅意

子夏问曰:“‘巧笑倩兮,美目盼兮,素以为绚兮。’何谓也?”子曰:“绘事后素。”曰:“礼后乎?”子曰:“起予者商也,始可与言《诗》已矣。”

子夏问道:“‘美的笑容,酒窝微动;美的眼睛,黑白传神;洁白纸上,灿烂颜色。’这是什么意思?”孔子说:“先有白色底子,而后才绘画。”子夏说:“那么,是不是礼乐产生在仁义以后呢?”孔子说:“商啊,你真是能启发我的人,现在可以同你讨论《诗经》了。”

这是我个人非常喜欢的一则,兼具文字之美与思想之美。它的中心意思是说有了良好的质地之后,才能进行锦上添花的加工。

先看“兮”字,意思很简单,就是我们常说的“啊”,虽然没有实际意义,却可以调味。想想《离骚》,其中的“兮”字如果全换成“啊”,那么就是:长太息以掩涕啊……得,成咆哮体了。古汉语中的感叹词有很多,每个的味道也不一样。再比如《蜀道难》的第一句:“噫吁嚱,危乎高哉!”起句连用三个叹词,字形就很有古意,很契合艰涩险阻的诗意。如果用白话,则是:啊啊啊,高啊高啊。顿时诗味全无。

“巧笑”的修饰语则很灵动。笑有多种,而巧笑最美。就像某张照片中那个你不知道名字的女孩子的笑,似笑非笑、若即若离、有情无情、有意无意,看到的人莫不心旌摇曳。巧笑已很美了,还要“倩兮”,“倩”是什么?就是含笑的样子,也指姿容美好,而且还是古代男子的美称,比如东方曼倩,就是一个很好听的名字。不知道是谁?大名鼎鼎的东方朔呀!

那么“美目盼兮”呢?造字也巧妙,目分为盼,分什么?分黑白啊,黑白分明即为“盼”。这句诗令人不由想起金庸先生《飞狐外传》中对程灵素的描写，寥寥几笔，神采尽现：胡斐初次见到程灵素，印象是容貌平平，肌肤枯黄，脸有菜色，头发也是又黄又稀，双肩如削，身材瘦小。唯一可取之处是其眼睛明亮之极，眼珠黑如点漆。

我想，那一定是古人所说的“盼”了吧。

“素”就是如一张白纸那样。“为绚兮”，是说在白色底子上画上很漂亮的花纹图案。这三句话带来的灵感，可以写一首很美的诗了。

此处子夏是在问诗歌本身的意思吗？也是也不是。这段文字的奇妙之处，就在于它体现了一种传统的思维：托物言志，一语双关。把哲理蕴含在生动可感的具体形象中，很有味道。

他其实是借这几句话来探讨为人处世的道理。那么你直接问不就得了，为什么偏偏绕这么个弯子？答案是因为含蓄产生美，这样的说话方式就如一位带着面纱的女子，虽然朦胧，却比素面示人的时候更迷人，是诗意与理性的结合。

孔子告诉他“绘事后素”，这是个状语后置句式，也就是“绘事于素后”，意思是描绘美丽图案的工作一定要在素色底子上进行。这就是孔子的启发式教育，以子夏的智商，自然是一听就懂，于是举一反三、触类旁通，说：“礼后乎？”礼仪也是如此吧？管仲说：“仓廪足而知礼节。”温饱之后才能谈及礼仪文教。真正的礼是产生在仁义之后的吧？礼的内在比表之于外的仪式更重要吧？

面对子夏这样的学生，我不由想起孟子所说的“得天下英才而教育之，三乐也”。作为老师，谁不喜欢这样的学生呢？所以孔子不仅高兴，还鼓励子夏：“起予者商也。”你启发了我，“始可与言《诗》已矣”，可以教给你《诗三百》的精神了。

这样的问答多有意味，多美。

不是羊的事

子贡欲去告朔之饩羊。子曰："赐也！尔爱其羊，我爱其礼。"

子贡提出去掉每月初一告祭祖庙用的活羊。孔子说："赐，你爱惜那只羊，我却爱惜那种礼。"

本篇名为《八佾》，是讲古代礼仪制度的，我们怎么也得解说一则和礼仪有关的不是？先说说本则中的古代文化常识，如今这个也列入了考点，大家要认真听讲。

所谓告朔，是古代一种很独特的制度。在古代，历法是很神圣的事物，只能由皇家根据天象建立。在每年的阴历十二月份，天子会将第二年的历书颁给诸侯，这个过程就叫颁告朔，是件很隆重的事情。历书之所以那么重要，是因为我们中国乃是农耕文明，对于时令节气等与农耕有关的信息必须非常重视。

为了表示尊重，诸侯在接受历书后，需要藏于祖庙之中，并且每逢初一，必须以一只羊为牺牲祭祀于祖庙。作为牺牲的羊，则被称为"饩羊"。至于为什么选中了羊来做倒霉蛋，就不得而知了，不过古人确实认为羊肉十分鲜美，"羹"字不就是最佳例证吗？

孔子和子贡生活在春秋末年，正是通常被形容为礼崩乐坏的时期。因此，前面所提到的告朔和饩羊，事实上已经名存实亡。每月初一，鲁君不但不亲临祖庙，也不听政，只是杀一只活羊"虚应故事"罢了。所以子贡认为，按照老师的教诲，礼仪重视的是实质，这个实质现在已经消失了，就不必保留形式了，干脆连羊也别杀了，还可以造一福德，免造杀业。

子贡的提法没什么不好，孔子说你的主张也对，但我觉得还是保留一下吧，为了那礼。此处孔子的心情大约可以用一句词来形容：“无可奈何花落去，似曾相识燕归来。”

我不主张去掉，是因为这只羊代表了一种精神。虽然我说过礼之本不在形式，只要内心诚挚就可以。但现在的人早已失去了诚恳的心意，就必须要一种象征性的东西来提醒一下，才能维系得住，这是没有办法的办法。

夫子此时的心情，有无奈，有惋惜和遗憾，也有坚守与执着。

在政治上、在生活中，很多时候，只靠精神并不足以维系一种情感和传统，有时必须配合某些外在的仪式。比如古代婚礼中的夫妻结发，新婚夫妇须在饮交杯酒前各剪下一绺头发，绾在一起表示同心。结发为夫妻，恩爱两不疑。有些心灵手巧的妻子还会将两束头发结成双钱结的形状，也就是同心结。在笔记小说中也常见到女子以秀发为信物赠予心仪的男子的情节，以表达“善藏青丝，早结白头”的期望。多浪漫啊。

现在已经没有这一形式了，头发不够长肯定是原因之一。然而夫妻同心、心心相印，谁人不想？但如今的时代，夫妻之间形同陌路甚至互相算计的也不在少数。我曾在办公室听到这样一件事：

一个女老师买了保险，在填写受益人时询问同事是否要写丈夫的名字。几位同事异口同声地说：“肯定不写他啊。”女老师不解：“为什么？”“还用问，受益人是他的话，等你死了，他就会和第二任舒舒服服地享受你的钱，你怎么那么傻！”

对此，我只想说，我爱古礼。

里仁篇第四

有所不为

子曰："富与贵，是人之所欲也；不以其道得之，不处也。贫与贱，是人之所恶也；不以其道得之，不去也。君子去仁，恶乎成名？君子无终食之间违仁，造次必于是，颠沛必于是。"

孔子说："发大财，做大官，这是人所期盼的，但不用正当的方法去得到它，君子便不接受。穷困和卑贱，是人所厌恶的，但不用正当的方法去抛掉它，君子也不会摆脱。君子抛弃了仁德，又怎能叫君子呢？君子没有一顿饭的时间背离仁德，就是在匆忙急迫的时候也一定与仁德同在，就是在颠沛流离的时候也一定和仁德同在。"

这是《里仁篇》中比较霸气的一段话。

为了改变自己的生活境况就去做违背良心、违背道德的事，在现代社会中，不仅常见，而且这种人往往还会为此找出种种理直气壮的理由做支撑。

比较有名的当然是“物竞天择，适者生存”这两句。你不会使手段，你不玩阴谋，你不尽力往上爬，那就活该生活在底层，因为你不适应这个复杂的社会。这可是达尔文在进化论中说的。

嗯，这个嘛，大家都知道，这句话是我国的严复翻译的。而且就算是忠于原意的翻译，那也是达尔文用来解释物种演化的，和人类社会无关。把进化论套到社会现象上叫“社会达尔文主义”，只是借了达尔文的名声，实际上和达尔文没啥关系。这个社会论点最早的提出者叫斯宾塞，那时还不叫“社会达尔文主义”，叫“斯宾塞主义”。“社会达尔文主义”这个名字是后来美国一个历史学家提出和使用的。

“物竞天择，适者生存”在自然界成立，但我们不能由此推断它在人类社会也适用，除非你觉得自己和动物没任何区别。把这种推断运用到极致的人说过这样一段话：“国家的安全不能寄托于别人的恩赐上，历史总是在军刀上前进，这个世界就是弱肉强食的世界。要生存、要尊严，就需要有强大的军备。”

知道谁说的吗？希特勒。至于他后来做了什么，就不用我说了吧？

儒家对此必是十分不屑的。富贵有什么了不起的，不以正确的方法得到，给我我也不要。

真有这样的“傻瓜”吗？

当然有，想我大中国历史悠悠数千年，什么事没出过？什么人没有过？首先，你自己就是一个不肯接受不以其道得之的富贵的人。不要隐藏了，我知道你一定是。逢年过节，微信群里发红包，你在那里抢得很开心，令堂过来问你在干吗，你说在抢红包，那抢了多少钱呀？你回答说，这个要看运气，运气好的时候几块钱，运气不好时几分钱也是有的。你妈听完后说：“别抢了，给你十块钱，去把厨房的碗给我洗了。”你会接受这种嗟来之食而放下手机吗？想必不会的。

开个玩笑，活跃下气氛。真正能做到的人物自然也是有的，下面我们看晏子辞邑的故事。

这事很复杂，我们尽量过滤背景，只说重点。齐国有一位齐景公，他即位后，以崔杼为右相，庆封为左相，然而这两个都不算什么好人。当权之后，他俩就让齐国的大臣、百姓发誓：“不与崔、庆者死（不与两位相国保持高度一致的人就去死吧）。”但晏子不肯发誓，说自己只知道忠于国君、忠于社稷。庆封要杀了晏子，崔杼说：“他是个忠臣，放了他吧。”晏子才免于一死。

在崔杼、庆封当权之时，齐国一些正直之士或流亡或下野。待崔杼自尽、庆封逃亡后，齐国开始召回此前不得志的公子、大臣，并厚待他们。由于晏子此前的忠贞不屈，景公将邶殿（齐国别都）周边六十个城邑赐予晏子，以示犒劳。

那是六十个啊！但是晏子不接受。

有人就问他：“富贵，是大家都希望得到的东西，您为什么偏不接受？”

晏子回答说：“这样的厚赐，会让我的欲望膨胀，欲望若不节制，离逃亡也就没几天了。一旦逃亡，我就连一个城邑都没有了。我不接受不是厌恶富贵，而是害怕失去富贵。利益若超过了限度就会败坏心性，要守好富贵的限度。”

晏子并不拒绝富贵，孔子也没有要人拒绝，只是说不以其道得来的富贵不能要。言下之意就是，通过正当途径得来的富贵是可以接受的。国君赏赐，最正当不过了，晏子也不肯接受，可以想见，若是不正当的话，他自然更不会接受。

司马迁就很推崇他，在《管晏列传》中说：“假令晏子而在，余虽为之执鞭，所忻慕焉。”

富贵说完了，那贫贱呢？真的会有人安于贫贱吗？当然，比如夫子的弟子颜回，“一箪食，一瓢饮，在陋巷，人不堪其忧，回也不改其乐。”治学的最高境界是“乐”，既然已经体会到“乐”在其中，那么是贫是富又有什么关系？

“君子去仁，恶乎成名？”一个人心中如果没有了“仁”字，就没有了原则，即使其他方面再有成就，也不足观。你文学功底好，可以写出华美的文字，构思出精巧的情节，创造出人人喜爱的人物，但若道德观念有偏差，最终写出来的也不过是堆文字垃圾，于世无益。

心中有了“仁”还不够，还要念兹在兹，无时忘之方可，不管是生死关头，还是沦落之境。因为人心里总要有自己的原则，有一个超越庸俗与无聊、超越功利的存在。这样的生命才有别样的意义。

最后用康德教授极负盛名的一句话作结吧：有两种东西，我对它们的思考越是深沉和持久，它们在我心灵中唤起的惊奇和敬畏就越会日新月异、不断增长，这就是我头上的星空和心中的道德定律。

朝闻道

子曰：“朝闻道，夕死可矣！”

孔子说：“早晨得知真理，即使当晚便死去，也可以。”

老子曾说："道大、天大、地大、人亦大。"道乃域中四大之一。

亚里士多德也说："吾爱吾师，吾更爱真理。"

古希腊人把追求真理看作高于一切的崇高行为，为真理而勇于牺牲的人不在少数，比如无视战火潜心研究数学最后被罗马士兵砍杀的阿基米德，还有被控以不敬神明与腐化青年的罪名而被处以死刑的苏格拉底。

在追求真理而无惧死亡这一点上，西方人似乎有些鄙视东方，可如果亚里士多德能够穿越时空听到孔子的这句话，一定会露出喜悦的微笑。

"道"在汉语中是个有着多种含义的词，可以玄之又玄，也可以朴实平易。此处的"道"，更适合理解为真理。当然，也有许多其他的解释，谁也不服谁。不过我们不必纠结于此，像过去的儒生那样考证出几万字来证明它到底是什么意思，却忘了感受其中的精神。不管这个"道"代表的是什么，都是我毕生追求的东西，我生命的意义就是为了它，那么一旦我得到了，就算马上就要死去也不算什么。这种精神就是大勇。

古人田光对勇的看法十分透彻，他认为燕太子丹的门客无一可用，因为他们"怒形于面"，一下子就会被敌人察觉，所以他推荐荆轲这种"怒而色不变"的神勇之人。因为真正的勇者从来都是从容的，不会在最后一刻喊一句"再过二十年又是一条好汉"之类的话。

虽然孔子总体上是温、良、恭、俭、让的谦谦君子，但某种程度上，应该是个猛人。

个人认为把人类为追求真理而献身的这种精神描写到极致的，是刘慈欣先生的《朝闻道》。这篇小说讲的是一群科学家为了了解宇宙的终极奥秘而选择自我毁灭的故事。请原谅下面这一大段引用，这真的不是为了凑字数，而是出于对其作品的喜爱，真爱：

"爸爸！！"文文哭喊着从草坪上的人群中冲出来，一直跑到坡道前，冲进那群物理学家中，抱住了丁仪的腿，“爸爸，我不让你变成火球飞走！！”

丁仪轻轻抱起了女儿，问她：“文文，告诉爸爸，你能记起来的最让自己难受的事是什么？”

文文抽泣着想了几秒钟，说：“我一直在沙漠里长大，最……最想去动物园。上次爸爸去南方开会，带我去了那边的一个大大的动物园，可刚进去，你的电话就响了，说工作上有急事。那是个天然动物园，小孩儿一定要大人们带着才能进去，我也只好跟你回去了，后来你再也没时间带我去。爸爸，这是最让我难受的事，在回来的飞机上我一直哭。”

丁仪说：“但是，好孩子，那个动物园你以后肯定有机会去，妈妈以后会带文文去的。爸爸现在也在一个大动物园的门口，那里面也有爸爸做梦都想看到的神奇的东西，而爸爸如果这次不去，以后真的再也没机会了。”

文文用泪汪汪的大眼睛呆呆地看了爸爸一会儿，点点头说：“那……那爸爸就去吧。”

……

物理学家们走上了真理祭坛那圆形的顶面，在圆心，排险者微笑着向他们致意。突然间，映着晚霞的天空消失了，地平线处的夕阳消失了，沙漠和草地都消失了，真理祭坛悬浮于无际的黑色太空中，这是创世前的黑夜，没有一颗星星。排险者挥手指向一个方向，物理学家们看到在遥远的黑色深渊中有一颗金色的星星，它开始小得难以看清，后来由一个亮点渐渐增大，开始具有面积和形状，他们看出那是一个向这里飘来的旋涡星系。星系很快增大，显出它磅礴的气势。距离更近一些后，他们发现星系中的恒星都是数字和符号，它们组成的方程式构成了这金色星海中的一排排波浪。

宇宙大统一模型缓慢而庄严地从物理学家们的上空移过。

“朝闻道，夕死可矣！”

PS：虽然我钦佩为真理而死的精神，但我个人是绝不肯为之的。于我而言，家人，那才是最重要的。

说义

子曰：“君子之于天下也，无适也，无莫也，义之与比。”

孔子说：“君子对于天下的人和事，既不特别亲近，也不特别冷漠，而是以义为准则。”

这里的关键是理解“义”字，繁体写作“義”，是个会意字，上面是个“羊”，下面是个“我”。有人解释说，“羊”代表善良、美好，所以“善”和“美”都是羊字头；“我”指自己，合起来的意思是保持自己固有的人性之美。

这个解释对不对呢？应该说半对半不对。

不从简化字，而从繁体字入手，这是追根溯源，方法当然可以。可是为什么就把“我”解释为自己呢？甲骨文中，義（义）是由羊（“羊”，代表祭品）和我（“我”，执戈的武士）表示的，造字的含义应该是在出征前占卜，预测战争吉凶。如果神灵显示吉兆，则表明战争是合理的、正义的，是有神灵护佑的。

篆文的“义”字承续甲骨文字形，所以《说文解字》才把“义”解释为我军威武的出征仪式。

也就是说，“义”，原指惩恶扬善的天意，后引申为公认的、普遍的道德或真理。所以夫子认为无论对人对事，都要不分远近亲疏，只以义为准则。对人做事若符合普遍的公理，又哪里会出错呢？所以又有关于“义”的又一种定义：“义者，宜也。”

所以夫子的说法其实倒挺好的，事情怎么做都行，适合恰当就好。

关于“义”，还有一种剑走偏锋的理解，比较另类，这里也说一下。这种说法认为，“仁”是爱人，可仁爱过度会生祸患，所以古人才又提出了“义”的概念，用以补充“仁”的不足。爱人的反面是什么？杀人。楷书的“义”字是个指事字，在乂（“乂”，表示治理、安定、割）上加一点指事符号，表示杀得有理。

怎样才算杀得有理？

说一点《鸿门宴》之前的事情吧。当时楚地义军首领还不是项羽，而是他叔父项梁，在项梁战死之后，项羽才成为领袖，他人生中的第一个辉煌时刻也即将到来，那就是战争史上以少胜多的经典战例之一——巨鹿之战。

在此战开始前，卿子冠军宋义按兵不动，理由是他想等秦赵双方打得都差不多了，直接收渔人之利。项羽却分析，强秦攻新造之赵，势必举之，何弊之有？于是当机立断，展开行动。司马迁记述得极为干脆利落：“项羽晨朝上将军宋义，即其帐中斩宋义头。”白话翻译过来就是：去见他，没什么废话，一刀砍了。

偶像啊。

如果不斩宋义，就不会有后来荡气回肠的巨鹿之战，也不会有之后的战果。于当时杀宋义，虽不合情，但是合理，因为时势不等人啊。

此战之后，楚军又接连与秦交战。霸王就是霸王，所向无敌。之后秦将章邯来降，降卒有二十余万，但后来项羽担心制不住他们，便将他们全部坑杀。这么做带来的后果是严重的，无论怎么看，都不是合道义的做法。

无论用“义”的哪个意思衡量，项羽都是不义的，更够不上孔子眼中君子的标准，如果孔子生于其后，不知会对项羽做什么评价。他不是个时刻都能做到“义之与比”的君子，但他是西楚霸王，历史上唯一的一位霸王，虽死犹烈，我们爱他。

樱红柳绿，时光推移，“义”的内涵也有所变化。

积极正面的：不取任何报酬、投身公益事业的人称为义工；见义勇为、扶危济困的举动叫义举；还有诸多为社会、为素不相识的陌生人谋求福利而举办的各种活动——义演、义展、义献、义卖、义诊、义捐……这些都很好。

消极负面的：不问是非对错，颠倒黑白，只讲义气的“义”。

所以绕来绕去，还是一句话：“义者，宜也。”

从身边做起

子曰：“见贤思齐焉，见不贤而内自省也。”

孔子说：“看见贤者就要想着向他看齐；看见不贤的人，便要反省自身，看是否有和他一样的错误。”

前边夫子讲了不少“高大上”的道理，怕你被吓住，觉得儒家的学问太难了，不如助人为乐、兼爱非攻，路见不平一声吼去当个墨家弟子算了。于是这里教给你一个成为儒者的平凡简易的方法好了。修身也好，养德也好，其实都可以从身边做起，随时随地做起。所以你可不要见异思迁，还是继续跟着夫子努力修行吧。

举个身边的例子来印证本则内容吧。

我所在的学校建在半山上，校长在向新生介绍时往往是一挽袖子，朗声道：“我们学校之所以能越发展越好，就凭三样：讲义气、兄弟多、够狠。”好吧，刚刚是开玩笑，我们校长并不是陈浩南，但学校附近倒真有个地方叫铜锣湾。其实校长说的三样是：人多、楼多、台阶多。由于后两样优势，学校师生们的小腿肌肉都比较发达，身体素质也不错。因为少壮常常爬楼梯，老大一定更健康嘛。

另外，因为食堂建在最高处，所以抢饭就成了势在必行，后来就成一道风景了。

铃声响起，如闻号令，一马当先，当仁不让，于百千学子中取两荤一素，舍我其谁！但如果你仔细看看就会发现，有人无孔不入，全不顾及是否会冲撞到其他人；有人小心翼翼，生怕撞到其他人；有人安静排队，淡然看他人争先恐后，我自云淡风轻；有人伺机插队；也有人因之而切磋武艺；看见某人摔倒，有人哄笑，有人上前去扶起。

看到这些，你先反省下自己的行为，再学习下表现优秀者的行为，不就是在实践儒家的学问了吗？

一诺千金

子曰：“古者言之不出，耻躬之不逮也。”

孔子说：“古代人不轻易乱讲话，以自己做不到为耻。”

这里体现的人格品质很明显：信。关于夫子强调信的原因，前文已经说明过，此处不再累述。那么，就讲一个成语和一个小故事吧。

楚汉相争时，季布是项羽的部下，曾使刘邦的军队吃了不少败仗。刘邦当了皇帝后，想起这事就气恨不已，下令通缉季布。

这时敬慕季布为人的人，都在暗中帮助他。不久，季布经过化装，到山东一家姓朱的人家当佣工。朱家明知他是季布，仍收留了他。后来，朱家又到洛阳去找刘邦的老朋友汝阴侯夏侯婴说情。刘邦在夏侯婴的劝说下撤销了对季布的通缉令，还封季布做了郎中，不久又改做河东太守。这么看刘邦也挺随和的。

季布有一个叫曹丘生的同乡，爱结交有权势的官员，季布一向看不起他，他却准备去见季布。有人劝他不要去自取其辱，他也不在乎，见面后就是一席话："我听到楚地到处流传着'得黄金百斤，不如得季布一诺'这样的话，您怎么能够有这样的好名声传扬在梁、楚两地的呢？我们既是同乡，我又到处传扬您的名声，您为什么不愿见到我呢？"

季布于是即刻将他奉为上宾，还送给他一笔厚礼。从曹丘生的话中化出的一个成语便是"一诺千金"。

我们再用八拜之交中的一对古人来印证这一点。注意，就如"八大山人"并不是八个人一样，八拜之交也不是指一对拜了八次的朋友，不要望文生义。八拜之交指的是：管鲍之交、知音之交、刎颈之交、舍命之交、胶漆之交、鸡黍之交、忘年之交和生死之交。

范式，字巨卿，和汝南人张劭是朋友，两人同时在太学（朝廷最高学府）学习。范式归乡前对张劭说："两年后我还回来，将经过你家拜见你父母，见见小孩。"约定的日期将近时，张劭把事情详细地告诉了母亲，请母亲准备酒菜等待范式。张母犹疑道："分别了两年，虽然约定了日期，但是远隔千里，你怎么就确信他一定会来呢？"张劭说："范式是个守信的人，肯定不会不来的。"母亲说："如果是这样，我为你酿酒。"

到了约定的日期，范巨卿果然到了，拜见了张劭的母亲，和好友对饮，尽欢之后才告别而去。

他们便是八拜之交中的鸡黍之交，“鸡黍”一词在古诗文中专指招待客人的丰盛饭菜。这里已经印证了夫子所说的“言之不出，耻躬之不逮也”，但我还是想把故事说完。

后来张劭病重，同郡人郅君章、殷子征日夜前来探视。张劭临终时，叹息说：“遗憾的是没有见到我的生死之交。”殷子征说：“我和郅君章都尽心和你交友，如果我们称不上你的生死之交，谁还能算得上？”张劭说：“你们两人，是我的生之交；山阳范巨卿，是我的死之交。”

远在山阳的范式忽然梦见了张劭，见他带着黑色的帽子，穿着袍子，仓促地叫他：“巨卿，我在某天死去，在某天埋葬，永远回到黄泉之下。你没有忘记我，怎么能不来？”范式恍然梦醒，悲叹落泪，在张劭下葬的那天，骑着马赶去。张家已经发丧，灵柩却无法放进墓穴。张劭的母亲抚摸着棺材，猜想儿子必是尚有心愿未了，于是暂停葬礼。没一会儿，就看见白车白马上一人号哭而来。张劭的母亲说：“这一定是范巨卿。”范式吊唁过后，亲自拉着牵引灵柩的大绳，灵柩方才挪动。

这后边的事情，只怕是后人渲染附会的，不足为信，但两人的友情，却让人动容。有这样一诺千金的鸡黍之交，夫复何求？我多想也能交到这样的朋友啊。

终不寂寞

子曰：“德不孤，必有邻。”

孔子说：“有道德的人不会孤单，一定有志同道合的人来和他相伴。”

夫子是个修养极高的人，一般不走极端，所以说话用词也温文尔雅，表示反对意见时或用反问，或用“鲜矣”等字，一般不会表述得很绝对。可是这句话，却说得斩钉截铁。“必”，就是一定、没有例外。有道德的人绝不会孤单，一定有志同道合的人来慰藉你的孤独。

是不是他深知有德者的寂寞？高处不胜寒，这种境界中的寂寞和孤独，连懂得的人都很少，又谈何理解？在这样的寂寞里活得久了，是否会对生活、对人失去期待？不，不会的，一定会有知己出现。

因为孔子知道，所以他那样坚定地说。

想起鲁迅先生的一句话：“有时候仍不免呐喊几声，聊以慰藉那在寂寞里奔驰的猛士，使他不惮于前驱。”

这两个相隔千年的人所说的话多么相似，都能给那些在繁华世界、十丈软红中坚守着道德品行的君子以慰藉。

也许你的伙伴来得太晚，但那也没有关系，一定会有人来的，孔子自己不也寂寞了几百年的时光吗？

如果我们扩展一点来理解“德”字，将那些有才华的人也涵盖在内，夫子说得还对吗？

一定是对的。不然琵琶女怎么会遇到白居易？

我知道你的惊才绝艳，知道你的荣辱沉浮，也听得懂你的音乐，可我无法为你多做些什么。我唯有手中的笔，就让我为你写篇《琵琶行》吧，以后当你感到孤独、悲苦时，就拿出来看看，想想在这个世界上终究还是有一个人懂你的心事的。有人理解你，有人和你一样，这种温情大概可以温暖人心吧。念及此，你也就不那么悲苦了吧？

最后，请让我用科幻作家何夕的一篇小说《伤心者》中的一段来结束本则吧：

“也许我们应该永远记住这样一些人。”我照着纸往下念，声音在静悄悄的大厅里回响。

"古希腊几何学家阿波洛尼乌斯总结了圆锥曲线理论，一千八百年后德国天文学家开普勒将其应用于行星轨道理论。

"伽罗华于公元1831年创立群论，当时的学术界无人理解他的思想，以致论文得不到发表。伽罗华年仅二十一岁便英年早逝，一百多年后群论获得具体应用。

"凯莱于公元1855年左右创立的矩阵理论在六十多年后应用于量子力学。

"数学家J.H. 莱姆伯脱、高斯、黎曼、罗巴切夫斯基等人提出并发展了非欧几何。高斯一生都在探索非欧几何的实际应用，但他抱憾而终。非欧几何诞生一百七十年后，这种在当时一无用处、广受嘲讽的理论以及由之发展而来的张量分析理论成为爱因斯坦广义相对论的核心基础。

"何夕独立提出并于公元1999年完成了微连续理论，一百五十年后这一成果最终导致了大统一场理论方程式的诞生。"

在接下来长达十分钟的时间里整个大厅里没有一丝声音，世界沉默了，为了这些伤心的名字，为了这些伤心的名字后面那千百年的寂寞时光。

理解他们的人来得太晚了，可终究还是来了，让他们不再寂寞。

"德不孤，必有邻！"

公冶长篇第五

注：本篇正式进入师生对话录部分。之前四篇是孔子学问的总纲，相当于一本书的概论部分。而本篇开始，则是用弟子们的言论来印证孔子的学问，对话和讨论的味道更浓，读起来也更加活泼。

嫁女儿的标准

子谓公冶长："可妻也，虽在缧绁之中，非其罪也！"以其子妻之。

孔子评论公冶长说："可以把女儿嫁给他。他虽然被关在牢狱里，但这并不是他的罪过呀。"于是，孔子就把自己的女儿嫁给了他。

首先，据传说，公冶长是懂鸟语的。我知道你们对野史八卦的兴趣一点儿也不亚于美国总统大选，所以这里先跑下题，八卦一下这个公冶长。

关于公冶长因解百禽语而入狱一事，大约有两种说法。

第一种说法是，公冶长路遇一位哭哭啼啼的老婆婆，便上前问她因何哭泣。原来婆婆的儿子多日未归，婆婆担心他已遭遇不幸，却不知该往何处为儿子收殓。正巧公冶长听到有鸟儿商量着要去清溪食人肉，便猜测那是婆婆的儿子。这猜测一应验，得知此事的县官自然地将公冶长视为嫌疑犯。人若不是你杀的，你怎么可能知道尸体在哪儿呢？直到公冶长证实了自己确实能听懂鸟语，才被无罪释放。

第二种说法是，有一只鹞鹰带着公冶长找到一头死獐，本想和公冶长共享，谁知公冶长见死獐甚是肥美，竟然独吞了。鹞鹰殷勤送信，却什么也没落着，于是怀恨在心，决定报复。一日，鹞鹰又引公冶长去寻死獐，公冶长不知是计，到了地儿就朝围观群众喊："那是我打死的！"走近一看，竟是一具尸体，立时被扭送官府，百口莫辩。最后也因证明了自己能懂鸟语而被开释。

说法虽有出入，不过都是祸也因鸟，福也因鸟。

这些记载是不是真的？废话，这不就是一个童话故事的套路吗？一看就是后人附会的。推测起来，最接近真实的情况可能是公冶长熟悉鸟类的生活习性，听到它们的叫声，就能大致明白它们想做什么。这个并不神奇，现在的动物学家们也可以做到。《增广贤文》中说："近水知鱼性，近山识鸟音。"如果长年生活在水边，经常与鱼打交道，就能熟悉鱼的性情。同样，如果一直生活在山上，经常听到鸟儿的叫声，那"懂鸟语"也不足为怪。

说了这么多，但都不是我们的重点，我们的质疑是：缧绁，那就是绑缚犯人的绳索啊，借指监狱。公冶长是个罪人，为什么要把女儿嫁给一个罪人?

因为孔子看人的原则是：“视其所以，观其所由，察其所安。”不仅看结果，更要看动机、方法和态度。运用这个原则去观察公冶长，他才会评价说：“非其罪也。”换句话说，他是被冤枉的，他本人是很好的，而且，在缧绁中依然能泰然自处，不正是君子之行吗?

公冶长一生治学，鲁君多次请他为大夫，他一概不应，而是继承孔子遗志，教书育人，成为德才兼备的著名文士。可见孔子没看走眼，这女婿也没选错。

本篇是从孔子的行事中来体现他的学问的，更容易学习和理解。圣人言传身教，都是学问。所以说，真理就在日常中，道就在生活里。

南容不简单

子谓南容：“邦有道，不废；邦无道，免于刑戮。”以其兄之子妻之。

孔子评论南容说：“国家政治清明时，他有官做；国家政治黑暗时，他也可以免去刑戮。”于是把自己的侄女嫁给了他。

本则内容是非常丰富的，不信听我一一道来。

其一，我们从中可以窥见夫子所倡导的处世之道，即“用之则行，舍之则藏”。东坡先生也曾有类似的说法：“用舍由时，行藏在我。袖手何妨闲处看。”大概意思就是，做人要能屈能伸。

其二，南容有行政才能。

“邦有道，不废”，也就是可以为官。但问题是，你以为当官那么容易啊，你说当就当？要知道，春秋时期可没有科举，主流是世卿世禄制，也就是说，公卿大夫基本上是世袭，朝廷的官员大都出自贵族阶层，贵族家的嫡长子一般会继承封地和爵位，其他的孩子或是去当游侠，或是到其他国家找官做。虽然也有考选制，但那是在官吏系统内部施行的由低级官吏选拔为高级官吏的一种选才制度，主要看德才、政绩和民意，与平民关系不大。一介布衣想当官的话，大约只有靠举荐制了，可人家凭什么举荐你啊？一般标准也得是德才兼备吧。

其三，南容和老师的关系不错。

看《论语》我们知道，经常有掌权人物到孔子那里去搜罗人才，问孔子哪个弟子怎么样。夫子的推荐可是非常有用的，他既然说南容“邦有道，不废”，那么有推荐机会的时候一定不会漏掉他。

其四，南容谨言慎行，不喜欢玩儿命。

“邦无道，免于刑戮。”虽然轻描淡写，但这里面学问可大了。

我们先分析在朝的情况。在朝为官，政治混乱，怎么才能免于杀身之祸呢？回答是：谨言慎行，莫触逆鳞。据说龙的喉下倒长着一块直径一尺左右的月牙状鳞片，“人有撄之，则必杀人”。人主亦有逆鳞，万不可触碰。一个人刚毅正直，重气节，又忠心，这品行没话说。可若是刚好在朝为官，又摊上一个无道的昏君，那完了，这人非死不可。

鉴于《封神演义》的知名度，我们就说说比干吧。历史上是真有其人的，他是商王文丁之子，幼年聪慧，勤奋好学，年轻时就以太师高位辅佐帝乙，后又受托孤重任辅佐帝辛，也就是纣王。商朝末年，帝辛暴虐荒淫，横征暴敛，比干叹曰：“主过不谏非忠也，畏死不言非勇也，过则谏，不用则死，忠之至也。”这简直就是绝命书。然后他到摘星楼面见纣王，劝谏三日不去。纣王最后问他凭什么敢这么做，比干曰：“恃善行仁义所以自恃。”纣王怒曰：“吾闻圣人心有七窍，信有诸乎？”于是杀比干，剖视其心。

这样的气节固然可敬，可你死后，你的家人怎么办？父母谁来赡养？妻子谁来照顾？子女谁来养育？历史是不会记录这些“琐事”的。比干的家人幸运地被周王朝善待，但不是所有人都这么好运的，自生自灭的也许还不算很凄凉，那些被没为奴隶、充为营妓的，又将怎样度过余生？如果有人把这些亲眷家属的事迹搜集起来写成一本书，一定是让人无法不落泪的。

但南容不会如此，把侄女嫁给他可以放心。

其五，南容能安于贫贱。

上面说的是在朝的情况，那如果在野呢？一介平民布衣在一个混乱的时代如何自保？大约只有一个办法，归隐，如避秦时乱的桃花源中人一样。但这样的生活肯定是清苦的，要有安于贫贱的修养才做得到。

现在你明白了吧，本则信息量很大，南容很不简单，夫子看人的眼光很高明。

君子之风

子谓子贱：“君子哉若人！鲁无君子者，斯焉取斯？”

孔子评论子贱说：“这个人真是个君子啊！假若鲁国没有君子，他是从哪里学到这样的品德的呢？”

这是孔子评论的第三个学生了。

子贱姓宓，名不齐，子贱是他的字。读到这里，你们一定会对他的名和字进行欢乐吐槽。唉，真是恶趣味啊。其实生活中有许多这样的同音巧合，比如数学老师建坐标系时，拍着黑板义愤填膺地说：“那么，我为什么这么建（贱）！”待讲到方程式变换，又在讲台上一挽袖子，大声喝道：“你们注意！我要变形了！”

其实课堂很欢乐是不是？

好，我们回来。

如果把这一则和“见贤思齐”那则对照一下就会发现，夫子的评论其实就是说子贱的修养已经做到了“见贤思齐，见不贤而内自省”的程度。他能够向君子学习，所以最后自己也成了君子。

有人说：“君子如万年青草，可以傲霜雪而不可充栋梁。”但子贱却是例外。他曾担任单父宰（单父，今山东菏泽单县）一职，为政几年，单父大治。《史记》中评价说：“子产治郑，民不能欺；子贱治单父，民不忍欺；西门豹治邺，民不敢欺。”你看这字用的，一字得风流。“不敢”，那是有威严，是法家；“不能”，那是因为明察秋毫，是智者；唯有“不忍”，是因为民心知耻，有耻有格，那才是王道仁政，而子贱做到了。读来真是让人想见其风采，究竟是怎样的品德，令百姓都不忍心欺瞒他呢？

这句话同时也评论了鲁国的现状，鲁国还是有许多君子的。从语气上看，好像有些今不如昔的感慨，但毕竟还是有君子的，终究有一些欣慰。

话说得多么巧妙，淡而有味道。

瑚琏之器

子贡问曰：“赐也何如？”子曰：“女，器也。”曰：“何器也？”曰：“瑚琏也。”

子贡问孔子：“我这个人怎么样？”孔子说：“你好比一个器具。”子贡又问：“是什么器具呢？”孔子说：“是瑚琏。”

孔子最牛的门生忍不住了。子贡主动提问：“老师！您看我怎么样？”孔子就对他说：“你呀，是个东西。”子贡继续细问：“那您老人家看我到底是个什么东西呢？”孔子答：“你是瑚琏。”

这么简单的一句话，就为后世留了一个成语：瑚琏之器。

瑚琏是古代祭祀时用于盛黍稷的尊贵器皿，夏朝叫“瑚”，殷朝叫“琏”。这个玉器，民间普通老百姓不能用，是官方用来供于庙堂之上的，精洁庄严。以庙堂之器比喻子贡，可见他才具之高、本事之大。所以后世用这个成语来比喻人特别有才能，可以担当大任。

夫子的评论是否夸张？从前面对公冶长和南容的评价可知，这个形容应该是很准确的。不信的话请看儒家年度大戏——子贡救鲁。

故事一开始就凸显矛盾冲突，紧张不已：“田常欲作乱于齐，惮高、国、鲍、晏，故移其兵欲以伐鲁。”

按理说您要造反作乱就大胆去干呗，但田常担心高、国、鲍、晏四大家族不支持（注意，没鲁国什么事儿），于是他决定先去攻打鲁国。是的，在这种莫名其妙的逻辑下，鲁国无辜地成了炮灰。

但万幸的是，俺们鲁国有人！

夫子决定出手。"孔子闻之，谓门弟子曰：'夫鲁，坟墓所处，父母之国，国危如此，二三子何为莫出？'"就是这一句话，成就了子贡的不朽功绩。当时第一个站出来的是子路，孔门中最能打的那个，他说老师我去，孔子估计如果他去弄不好会引发世界大战，所以没同意。接着孔子又驳回了子张和子石的毛遂自荐。然后子贡才请命，夫子认为他足以应对，便同意了。

子贡先到齐国，见到主事人田常（田氏家族在齐国发迹的故事也很精彩，同学们可以自己去翻看下《史记》，我们这里肯定无法展开了），说田兄，我特地来给你提个醒儿，鲁国很难打啊。他们的城墙防御力低下，地理位置不险要，君臣都没脑子，人民最怕打仗。这样的国家，你怎么敢和他战斗？要打就打吴国吧，那吴国是战斗民族，城高地广、装备精良、领导明智，这太容易打了，怎么样？

田常自然很愤怒，你当我白痴啊？正常人都认为容易的，你说难；正常人都觉得难的，你说容易，难道我不正常吗？如果你也像田常一样立刻愤然反问，那你就上子贡的当了。人家那是文学手法，开篇设置悬念，故意颠倒常识，引起读者强烈的阅读欲望。

见目的已达到，子贡开始说真话了。他说其实呢，我懂你（你不就是想造反嘛）。但你目前的做法是缘木求鱼啊，正确的做法是攻打吴国，如果败了，损失的是齐国国力，不是正好为你夺权创造有利条件吗？田常认为这真真是极好的，可见这人也没什么节操，为了私利什么都干得出来。但他也有自己的担忧："吾兵业已加鲁矣，去而之吴，大臣疑我，奈何？"

子贡淡淡一笑，多大点儿事啊，我去。

见到吴王，子贡这回不玩儿虚的了，单刀直入，建策伐齐。理由就是一山不容二虎，你不灭他他就灭你，只是迟早而已，如今这个机会很好，我们先下手为强。至于救鲁，我有说过吗？我可不是为了鲁国来的，我是为了您的利益来的，救鲁那只是顺带的事。你看这心理把握得多好。吴王同样认为很好，但是他担心一直在进行着近乎自虐式修行的越王搞偷袭。子贡依旧淡淡一笑，我去。

见到越王后，子贡先是非常痛快地出卖了吴王，把吴王的战略意图告诉对方，取得信任。接着责备越王，你想报仇这很好，男人都这样，但你不能让对方知道你的意图啊，对方有了准备，这多危险。勾践顿首再拜，请求指点。子贡分析说，吴国其实已经上下离心，外强中干了，你只需要再加把火就好。我现在就去把晋国也拖下水。

子贡去见晋君，晋君像个没事儿人一样，于是子贡提醒他，当国君的要有远见，我给您提供一个情报，如今齐国与吴国要开打了，您怎么看？晋君一脸茫然，心中不解，什么怎么看？我就一吃瓜群众，看热闹啊。子贡就进一步提示，吴国如果打赢了，下一个目标会是谁呢？这下晋君有反应了。“晋君大恐，曰：‘为之奈何？’子贡曰：‘修兵休卒以待之。’晋君许诺。”

在完成了这一连串的部署之后，事情的发展如多米诺骨牌一样热闹：

齐吴大战，齐国被虐，获胜后的吴国继续挑晋国，不料晋国早已做好准备，以逸待劳，结果吴国被晋国虐。越王听说后，立刻涉江袭吴，吴国腹背受敌，回头和越国打，不敌，越王遂灭掉夫差，破吴后三年，东向称霸。

先前最危险的鲁国，此时彻底转换角色，成为一名不明真相的吃瓜群众，开开心心地看着各国掐架。

子贡准确掌握了形势和各个君主的心理特点，因势利导，设下连环计，一举成功。

司马迁赞叹道：“故子贡一出，存鲁，乱齐，破吴，强晋而霸越。子贡一使，使势相破，十年之中，五国各有变。”

瑚琏之器，名副其实。

小舟从此逝

子曰：“道不行，乘桴浮于海，从我者其由与？子路闻之喜。子曰：“由也好勇过我，无所取材。”

孔子说：“如果我的主张行不通，我就乘上木筏到海外去。能跟从我的大概只有仲由吧！”子路听到这话，高兴得很。孔子说：“仲由这个人太好勇了，好勇的精神大大超过了我，这就没有什么可取的呀。”

这是带有几分无奈又颇为洒脱的感叹。

春秋战国，天下纷乱，大家都很现实，致力于权谋杀伐，争夺实际利益，没有人去关心什么文化礼仪了。我的道走不通了，那要怎么样？不怎么样，也没什么大不了的，出海吧，去寻找蓬莱仙山，求仙访道，做个地上的散仙吧，逍遥自在。

小舟从此逝，江海寄余生。

说不定，还能由此见到天上的织女牛郎呢。

据张华《博物志》记载，旧时传说天上银河与地上大海是相通的，有个住在海中小沙洲上的人，每年八月份时都能看到有木筏在海上来往。这个人很好奇，就带上粮食乘上木筏，想看看能到哪里。在十几天之内还看得到星斗日月，以后就飘飘忽忽，也觉不出日夜。再过十多天，忽然来到一个地方，有城墙的模样，住房很整齐，远看宫中有许多织布的妇女，近看只见一个男子停在水边饮牛。牵牛人见到这个陌生人就吃惊地问："你怎么会到这里的？"这人便把来的情况加以说明，问他这是什么地方。牵牛人回答说："你回到蜀都问严君平就知道了。"这人没有上岸，如期而还。后来到了蜀地问严君平，严君平说："某年某月某日，有客星侵犯牵牛星座。"时间上一计算，正好是这个人到银河的时间。

对了，这样的小舟叫作星槎，很好听的名字，可以视为古人对 UFO 的称呼。

如果我主张的道注定无法实现，那就乘桴出海吧，到时候谁能陪着我呢？大概子路还会跟我一块儿走吧！因为这样的事，比较考验人，很需要勇气，所以子路可以。子路听到后很高兴，好像立刻就要出发似的。但接着孔子就说，子路太勇武了，过了些，这就不太好了。为什么突然这样说？因为孔子知道，性格决定命运，有勇气又正直的子路在这样的时代，恐怕会不得好死吧。所以孔子经常这样提醒他，"由也兼人，故退之。"然而，命运已经决定了的事，怎么能更改呢？

乘桴出海，多么洒脱。

要知道，历史上许多才智之士，在得不到知遇赏识的时候，往往佯狂装疯，以玩世不恭的姿态来发泄自己的愤懑。可是佯狂难免假成真，比如徐文长，大名鼎鼎的郑板桥说自己愿意做他门下的走狗，可见他多牛。但是，“文长既已不得志于有司，遂乃放浪曲蘖，恣情山水，走齐、鲁、燕、赵之地，穷览朔漠。其所见山奔海立，沙起云行，风鸣树偃，幽谷大都，人物鱼鸟，一切可惊可愕之状，一一皆达之于诗。”

不得意便写诗，那么诗写得如何呢？“如嗔如笑，如水鸣峡，如种出土，如寡妇之夜哭，羁人之寒起。”

写诗读诗讲意境，寡妇夜哭、羁人寒起，这样的意境想想都觉得奇诡动人，果然是才华高绝。可最后，他却如疯似狂，莫名地自残。手持铁斧击破自己的头，“血流被面，头骨皆折，揉之有声。”又用利锥刺入两耳，深入寸余，竟然没有死。看到这里，谁人不叹息？还有写《过秦论》的贾谊，也因为不能施展才华，不被重用，最后郁郁而终。

江海寄余生，江头潮已平。

才命两相妨

子谓子贡曰：“女与回也孰愈？”对曰：“赐也何敢望回？回也闻一以知十，赐也闻一以知二。”子曰：“弗如也，吾与女弗如也。”

孔子对子贡说：“你和颜回两个相比，谁更好一些？”子贡回答说：“我怎么敢和颜回相比呢？颜回他听到一件事就可以推知十件事；我呢，知道一件事，只能推知两件事。”孔子说：“是不如他呀，我同意你说的，是不如他。”

古人有三才的说法，分别是天才、地才、人才。

颜回闻一知十，应该可以算是天才了。唯一的遗憾就是不幸早死，自古才命两相妨啊。如果可以选，夫子大概宁愿这个爱徒不做天才吧。

苏东坡先生在元丰六年，第四个儿子的满月酒会上，即席写过一首小诗："人皆养子望聪明，我被聪明误一生。惟愿孩儿愚且鲁，无灾无难到公卿。"

苏子是诗词文俱佳的大文豪，也是天才一级的人物。这首七绝写得很有意思：一个"望"字，写尽了天下父母对孩子的期待，可我却偏偏不希望他聪慧，是一个转折；人聪明就该一生顺利，可我却一生沉浮不定，二转也；愚鲁的人该无所作为，但却能"无灾无难到公卿"，三转也。

先生的感触，就全在这些转折中了。

名生于人

子贡问曰："孔文子何以谓之文也？"子曰："敏而好学，不耻下问，是以谓之文也。"

子贡问道："为什么给孔文子一个'文'的谥号呢？"孔子说："他聪敏好学，又不以向地位卑下的人请教为耻，因此给他谥号叫'文'。"

这里开始讲到孔子对于当时及前后时代的人物的评论。

孔文子中的"文"字，并不是他的名字，而是一个谥号。"行出于己，而名生于人"，我们先来说说谥法。

帝王、诸侯、卿大夫、大臣等死后，朝廷根据其生前事迹及品德，给予一个评定性的称号，就叫谥。据考证，这种传统开始于西周中叶稍后，到了秦朝废而不用。中国历史上的首位皇帝自然霸气，我的事不需要你们来品评。不过这种做法到汉初就又恢复过来了。此外还有私谥，始于东汉，大多是士大夫死后由其亲族及门生故吏为之立谥，故称私谥。注意，平民是没有资格拥有谥号的。

谥法在刚兴起的时候，没有太严密的规定，一般只是后人对先人功绩的怀念，没有恶谥。春秋时，谥法逐渐制度化，出现了所谓的“子议父，臣议君”。这时的谥法，由于国家众多，各国标准也不同，有宽有严，不过都有一个共同点，就是谥号的善恶，要根据生前的形迹来定。

孔子时，儒家有意识地把谥法作为褒贬人物的手段，以图挽救社会风气。

如果你重视身后万世名的话，谥号就十分重要，因为它就是你的一字之评，千古不易。连皇帝都逃不过谥法的褒贬，所谓春秋大义，名留青史，哪一个皇帝不想为后世所敬仰？谁愿被钉在历史的耻辱柱上供人唾骂？皇帝死后就由大臣集议，由史官作评语。像汉武帝，称谓是“武”，代表其开疆拓土、征战四方的功绩，今天想起来，都有一股雄风自远古吹来。像“哀”帝就可怜了，汉朝最后的皇帝为“献”帝，也很凄凉。

但也有人不重视身后名的，庾信有诗曰：“眼前一杯酒，谁论身后名。”我想那么多干吗，身后什么样的名声我又听不到，还不如眼前的这杯甘甜芳洌的美酒。我死后，你们要骂就骂吧！只要我现在过得潇洒痛快就对了。皇图霸业谈笑中，不胜今宵一场醉啊。只不过庾信是怀着激愤之心写下这句诗的。

到后来，谥法也变了味道，因为皇帝太急于让后人仰望了。如武则天和李世民的谥号，前者为“则天大圣皇帝”“则天大圣皇后”，而李世民最后被称为“文武大圣大广孝皇帝”。

卫国的大夫孔圉，死后谥号为“文”，子贡问原因，孔子的回答和谥法的标准差不多：经纬天地曰文，成其道；道德博闻曰文，无不知；学勤好问曰文，不耻下问。

孔圉刚好符合第三条。这个标准虽然比较平实，但也不易做。至少我做语文老师这么久了，就没见有几个学生来主动提问过关于语文的问题。

刺猬效应

子曰：“晏平仲善与人交，久而敬之。”

孔子说：“晏平仲善于与人交朋友，相识越久，别人越发恭敬他。”

晏平仲，名婴，齐国人，在前文已经出场过，就是司马迁愿意为之执鞭的那位。

关于晏子其人，先看下《史记》中记载的两件事：

齐国贤能之士越石父曾是奴隶，晏子看出他是个人才，以一匹骏马为他赎身，并把他带回齐国。但之后晏子并没有按礼节来对待他，越石父便请求离开。晏子有些惊讶，整理好衣冠来见越石父说：“我虽然不是什么仁德的人，但我还是使先生免于困苦，并且也没有做对不起您的事，为什么要急着离开我呢？”越石父回答：“我听说君子在不了解自己的人那里受委屈，而在了解自己的人那里得到赏识与信任。当初我在困苦之中，是无人了解我。先生既然发现我并赎回我，说明先生是了解我的。既然了解我，却还对我无礼，这样的话，我不如处在困苦之中。”晏子听后立刻道歉，待其为上宾。

此之谓尊贤。

晏子担任国相时，有一天乘车出门，车夫的妻子从门缝里偷看她的丈夫。丈夫替国相驾车，坐在伞下，用鞭子鞭打马匹，趾高气扬，十分得意。车夫回来后，妻子要求离婚，车夫问她原因，妻子说：“晏子身高不满六尺，身为齐相，名闻各国。今天我看他出门，态度谦恭，常常以为自己不如别人。而你身高八尺，做人家的车夫，却自认为很满足了，我因此要求离婚。”此后，她的丈夫处处收敛，谦卑有礼。晏子觉得奇怪，就问他怎么回事，车夫据实相告，晏子就推荐他做了大夫。

此之谓谦卑。

从中可知晏子在德行上确实了不起，但你也别以为他很好，二桃杀三士的事也是他干的。

公孙接、田开疆、古冶子三个人是齐景公蓄养的勇士，居功自傲，举止无礼。晏子视他们为祸患，便建议景公除掉他们。景公默许了晏子的建议，但又担心制不住他们。于是晏子请景公派人赏赐三人两个桃子，并对他们说：“你们三个人就按功劳大小去分吃这两个桃子吧！”

公孙接仰天长叹：“晏子果真是位聪明人。他让景公叫我们按功劳大小分配桃子。我们不接受桃子，就是不勇敢；可接受桃子，却又人多桃少，只能按功劳大小来分吃。我第一次打败了野猪，第二次又打败了老虎。像我这样的功劳，可以吃桃子，而不用和别人共吃一个。”于是，他拿起个桃子站起来了。

田开疆说：“我手拿兵器，接连两次击退敌军。像我这样的功劳，也可以自己单吃一个桃子，用不着与别人共吃一个。”于是，他也拿起一个桃子站起来。

古冶子说：“我曾经跟随国君横渡黄河，大鳖咬住车左边的马，并把它拖到了河的中间。那时，我不能在水面游，只有潜到水里，顶住逆流，潜行百步，又顺着水流，潜行了九里，才抓住那大鳖，将它杀死。我左手握着马的尾巴，右手提着大鳖的头，像仙鹤一样跃出水面。渡口上的人都极为惊讶地说：‘河神出来了。’仔细一看，原来是鳖的头。像我这样的功劳，也可以自己单独吃一个桃子，而不能与别人共吃一个！你们两个为什么不快把桃子拿出来！”说罢，便抽出宝剑，站了起来。

公孙接、田开疆说：“我们的勇敢赶不上您，功劳也不及您，拿桃子也不谦让，这就是贪婪啊；这样还活着不死，那还有什么勇敢可言？”于是，他们二人都交出了桃子，刎颈自杀了。古冶子看到这种情形，说道：“他们两个都死了，唯独我自己活着，这是不仁；用话语去羞辱别人、吹捧自己，这是不义；悔恨自己的言行，却又不敢去死，这是无勇。虽然如此，他们两个人若是同吃一个桃子，是恰当的；而我独自吃另一个桃子，也是应该的。”他感到很羞惭，放下桃子，也刎颈自杀了。

后人便以“二桃杀三士”一词表示运用计谋杀人。这里最打动人的，是三位勇士的“君子之风”。晏子本想利用三人恃才傲物的弱点，让他们相互争功，好离间人心，从而削弱他们的政治威胁，却没想到他们会舍生取义，以死明志。这是一种很极端却也很高贵的精神。所以他们自刎之后，无论是晏子还是景公，都有悲切后悔之意。

孔子对晏子的佩服，自然来自德行方面。“久而敬之”，交情越久，别人对他越发敬重，这点很难得。

因为通常来说，人与人之间总是要保持一点距离，才会互相珍视。

我生活到现在，所遇见过的名人只有林清玄先生。大学时，他来做讲座，我拿着一本他的散文集，得到了一个签名，兴奋得不得了。因为我们和名人生活的圈子完全不同，偶尔有一点交集，自然觉得新鲜。可如果他就是我某一门课的老师呢？天天都能见到，我还会如此兴奋吗？想必不会了。

心理学中有一个词叫 Hedgehog Effect，翻译为刺猬效应。

刺猬在天冷时彼此靠拢取暖，但却被刺得鲜血淋漓，只有保持一定距离，才能既取到暖又避免互相刺伤。这强调的便是人际交往中的“心理距离效应”。在教学中也是如此，教师和学生日常相处只有保持适当的距离，才能取得良好的教育效果。

其实对此我们都有经验，人与人之间，越是陌生就越客气，越是熟悉就越没有礼貌，言行举止全无顾忌，于是往往发展到最后就成了一句歌词所形容的那样：“我最深爱的人伤我却是最深。”

但晏子能做到“久而敬之”，和通常的情况恰恰相反，越熟悉亲近，便让人越发敬重，何其不易。所以孔子特别提出这一点，作为我们做人修身努力的目标之一。

何必三思

季文子三思而后行。子闻之曰：“再，斯可矣！”

季文子每做一件事都要考虑多次。孔子听到了，说："考虑两次也就行了。"

估计同学们读到这里的第一感觉是，完了，又被忽悠了，原来根本不是听了多年的"三思而后行"啊。

其实许多名言都是有后半句的，咱们儒、道、释各来一句看看：

"言必信，行必果。"后面还有一句："硁硁然小人哉！抑亦可以为次矣。""硁硁然"指人浅薄而固执的样子。因此孟子直接说："大人者，言不必信，行不必果，惟义所在。"不过这里的"小人"并不是指通常语境中无德无行的小人，而是指次一级的士。虽然要达到这个次一级的标准也不容易，但这种人仍然不是第一流的人才，而我们如今却常常引用本句来说明一流人才的品质。

"吾生也有涯，而知也无涯。"这话出自《庄子》中的《养生主》，一直被用于鼓舞学习者珍惜时间、努力学习，几乎每个学校都会把这句话挂在教室的墙上。但很多人不知道，之后的那句是"以有涯随无涯，殆已"，你拿有限的生命去学什么没完没了的知识啊，多危险啊。不过你也别觉得以后就可以放心玩乐了，要知道，庄子的思想是玄之又玄的，他不赞同你追求无穷无尽的知识，但他很希望可以启发你成仙，这个，我看更不靠谱。

"酒肉穿肠过，佛祖心中留。"所以可以放心吃喝，不必管什么戒律清规了。但后面还有一句："世人若学我，如同入魔道。"

于是，啊，我懂了，原来孔子这句话的意思是不要想太多，想两遍就赶紧去做！

如果是这样的话，那你是爽了，但孔子该哭了。

注意，夫子的话永远都是有感而发、有针对性而说的，要想透彻地理解，就要联系语境。

凡事三思，一般总是利多弊少，为什么孔子听说以后，并不同意季文子的这种做法呢？因为据记载，季文子这个人“祸福利害之计太明……皆三思之病也”。也就是说这个人因为思考得太过仔细，把一件事翻来覆去地考虑再三，所以利害得失弄得特明白，过于世故了。这样做其实是害德的，所以孔子才有此言，不希望人们世故之心太多，告诫世人不要把得失利害看得过重。

就是这么回事。

雍也篇第六

谁能不迁怒

哀公问：“弟子孰为好学？”孔子对曰：“有颜回者好学，不迁怒，不贰过。不幸短命死矣，今也则亡，未闻好学者也。”

鲁哀公问：“你的学生中，谁是最好学的？”孔子回答：“有一个叫颜回的学生好学，他从不迁怒于别人，也从不重犯同样的过错。不幸短命死了，现在再没有那样的人了，再也没有听说谁是好学的人了。”

一担重泥拦子路，两岸纤夫笑颜回。

这是很有名的一副对联，其中包含了孔子一文一武两大门生。

颜回是夫子最喜爱的学生，几乎已经达到了“仁”的标准，名列孔门七十二贤之首，只可惜走得太早。

“不迁怒，不贰过”，简简单单六个字，除了颜回以外，三千弟子中，没有第二个人能做到了。

做老师的都知道一句话：不要把家里的情绪带到课堂。其实也就是不要迁怒于学生。在家里和老公吵架了，到学校，见了学生就骂一顿，这个学生迟到了怎么办？外面罚站一节课。那个学生作业没交怎么办？课文抄一百遍。你看学生多无辜。反过来也一样，带的班考试没考好，回到家，爱人把饭做好了，刚吃一口就抱怨，什么味道，一点儿也不好吃，不吃了。也是一样。

这只是我们平凡人生活中的日常罢了，你以为普通人因为平凡普通，所以迁怒；而做皇帝的权力最大，要什么有什么，就不迁怒了吗？错了，皇帝也迁怒，而且后果很严重，横尸无数。

明成祖朱棣即位时需要拟即位诏书，选中的人是当世大儒方孝孺。方孝孺是前朝旧臣，忠心不贰，接到命令后当众号啕，声彻殿庭，成祖也颇为感动，走下殿来跟他说：“先生不要这样，其实我只是效法周公辅弼成王来了。”方反问：“成王安在？”明成祖答：“已自焚。”方问：“何不立成王之子？”成祖道：“国赖长君。”方说：“何不立成王之弟？”成祖道：“此朕家事！”此时朱棣已有怒意，没耐心跟他耗了，直接让人把笔给方孝孺，说：“此事非先生不可！”方投笔于地，且哭且骂：“死即死，诏不可草。”成祖暗压怒火说：“即死，独不顾九族乎？”方孝孺用更大的声音答道：“便十族奈我何？”

朱棣大怒，将他重新投入大牢，真的要诛方孝孺十族。自古以来，牵连最广的刑罚莫过于诛九族，从没有诛十族的先例。方孝孺一案，朱棣可算是开了先河，牵涉株连了八百多人，全部处死，行刑七日方止，残忍和恐怖程度可谓空前绝后。

迁怒于人还好说，有的时候，我们连天也不放过，所以有个词叫“怨天尤人”。你看那些影视剧中的角色，一旦遭遇了什么事情，就会对着天空大声呼喊：“为什么？为什么……”特写镜头、俯视视角、慢动作回放，一个都不能少，让痛苦的表情和声音回荡在无尽的天地间。

其实这也有些道理，司马迁在《屈原列传》中评论《离骚》时也说了：“夫天者，人之始也；父母者，人之本也。人穷则反本，故劳苦倦极，未尝不呼天也；疾痛惨怛，未尝不呼父母也。”但呼天未必是怨天，你说你命运悲苦，所有不幸的事都被你遭遇到了，为什么别人都不这样？窦娥指天骂地听着着实痛快，司马迁也怀疑天道若何。但天真的有错吗？天道是什么？老子不是早就说了吗，“天地无情，以万物为刍狗”，老天何尝对你特别？天既无爱也无恨，所以你没什么可怨的。但明明知道无理，可我的委屈、愤怒需要发泄，所以还是要怨天。然而你看颜回，那么优秀，却又那么困苦，他怨天了吗？没有，从世俗的眼光看，他最有理由怨恨，可他没有。这境界何其难得。

至于“不贰过”这层修养，翻译成大白话就是家长最喜欢跟孩子说的，你不要在同一个地方摔倒两次。可同样的意思，你看人孔子说得多简洁优美。比起“不迁怒”的境地，这是更深一层的修养了。

神未必这样想

子谓仲弓，曰：“犁牛之子骍且角，虽欲勿用，山川其舍诸？”

孔子谈到仲弓，说：“耕牛产下的牛犊长着红色的毛、整齐端正的角，虽想不用它做祭品，但山川之神难道会舍弃它吗？”

“犁生骍角”这个成语就出自本则，意思是杂色牛生出纯赤色、角周正的小牛，比喻劣父生出了贤明的儿女。

犁牛是一种杂毛牛的名称，这种杂色的牛在古代除了耕种之外并无其他用途。当人们举行祭祖、祭天地等庄严隆重的典礼时，一定要选用毛色光亮纯净的牛为牺牲。但是，这条犁牛却生出了一条毛色纯赤、头角整齐的俊美小牛，那么祭祀中用不用它呢？

丑小鸭最终变成了白天鹅，并不是因为它有多么努力，而是因为它是白天鹅的孩子。这句话说得虽然冷酷，你却没法否认，因为它是事实。如果它不是白天鹅的后代，无论怎样坚持不懈地努力，也成不了天鹅。我们都知道英雄应该不问出身，可许多时候，我们还是放不下门第、出身这些观念，潜意识中看不起出身差的人，想为自己找个好的祖先。对此，鲁迅先生有一段绝佳的描述：

“下等人”还未暴发之先，自然大抵有许多“他妈的”在嘴上，但一遇机会，偶窃一位，略识几字，便即文雅起来：雅号也有了；身份也高了；家谱也修了，还要寻一个始祖，不是名儒便是名臣。从此化为“上等人”，也如上等前辈一样，言行都很温文尔雅。

先生为何如此尖刻？因为这背后的心理是：“中国人至今还有无数‘等’，还是依赖门第，还是倚仗祖宗。倘不改造，即永远有无声的或有声的‘国骂’。”

文明发展至今，这种心理也没有消除，更何况孔子所在的往古。

仲弓是“可使南面”的人才，但他的父亲却是一个卑贱之人。当时人的观念是，祭祀用的牺牲不能用耕牛，耕牛之子当然也不配用作牺牲。仲弓的心里，一定也潜藏了不为人知的自卑。但夫子怎么说？若他也和众人一样，那么他就不是我们所敬爱的夫子了。他说，即使人们不想用它，山川神灵也不答应啊！天地之神，一定不会把有用的才具白白地浪费掉。

我们知道夫子这是在用比喻的方式说理，他真正想告诉仲弓的，是你心里不要有自卑感，你不要介意自己的出身，只要自己真有学问，真有才华、有能力，即使别人想不用你，天地鬼神都不答应。

我想，仲弓听到老师这么说，心中一定很温暖。

不走捷径

子游为武城宰。子曰："女得人焉耳乎？"曰："有澹台灭明者，行不由径，非公事，未尝至于偃之室也。"

子游做了武城的长官。孔子说："你在这里得到了什么人才没有？"子游回答说："有一个叫澹台灭明的人，从不走歪路，不是公事，从不到我屋子里来。"

人才对于国家的重要性无须多言，从历史上可以看出，凡是想有所作为的帝王都十分重视对人才的选拔。

汉武帝曾下求贤诏，其诏曰：为了充分发挥民间各类人才的积极性、创造性，促进人才的合理交流，鼓励他们贯彻落实我朝以仁孝治理天下的大局精神，推进诸子百家文化大融合，振兴州郡经济，根据御史中丞转发的《关于改革贤良对策制、实行任人唯能的人才察举》等相关折子，现面向全国展开人才海选。

好吧，这是我以为的官方文件必备语气，真正的诏书是这样的："盖有非常之功，必待非常之人。故马或奔踶而致千里，士或有负俗之累而立功名。夫泛驾之马，跅弛之士，亦在御之而已。其令州郡察吏民有茂材异等可为将相及使绝国者。”开篇奇崛，干脆利落，字里行间都是一股睥睨天下的气概，不愧是汉武大帝。

所谓负俗之累，后人一般指陈平一类的人物。陈平文武兼备，但据《史记》记载，他早年先后投奔过魏王咎、项羽，最后归汉。刘邦委以重任，拜他为都尉，监督诸路将领，引起了众人的不满。大家纷纷到刘邦面前揭短，有说他年轻时与嫂嫂关系暧昧的，有说他为人反复无常的，有说他归汉后受人财物的，总之就是品行不佳。但刘邦不为所动，对他信任如故。后来的事实证明，少了陈平的六出奇计，刘邦都死好几回了。

好了，我们回到孔子这里。

孔子略过寒暄，上来便检查子游为政做得如何，先问得人否。如果子游回答说我下车伊始，压根儿还没来得及去找呢；或者要人才干吗，我一个人治理就够了啊。夫子非把他逐出师门不可。如果说我去寻找人才了，但没有找到，那也是你做得不好。肯定会有人才的，找不到就是你没注重教育培养和选拔。

但看起来子游做得不错，他回答说：“有澹台灭明者。”注意语气，有什么者，表示这个人是听话人以前所不知道的，这说明澹台灭明此时还不是孔子的受业弟子。

澹台灭明字子羽，比孔子小好几轮，相貌从某种程度上说很难以恭维。先前他曾见过孔子，但夫子那天不知因为什么事情心情不好，又见他长得怪难看的，没怎么在意。后来孔子所说的“以貌取人，失之子羽”便指此公。好在子游在武城当政时发现他是个人才，又介绍给孔子，他这才成为孔子的学生，且学得很好，成为名重一时的人物。

这里不得不说，脸就是正义啊，连孔子都不能免俗。

那么，子游认为澹台灭明品行好的依据是什么呢？原来他通过观察，发现此人“行不由径”，即走路不插小路。这叫什么标准？太扯了吧！再仔细思考一下，就知道这是有道理的。

首先，许多话你不能都落实了去理解，古人喜欢一语双关，虚实结合，所以看古文时要注意领会其精神。

子游的话也可以指这个澹台灭明行事直道而行，不搞歪门邪道，为人很正直。抄小路就是走捷径，当有捷径可循的时候，他视而不见，还是按照规矩来走，这种品行就比较难得了。

曾有这样一则报道，说是一名中国留学生在德国做了一个社会学实验。他在一个电话亭外边贴上“女士专用”的字样，然后暗中观察，发现即使另外一处电话亭外排起了长长的队伍，也没有男性来这里使用。他去询问，得到的回答是规则就是需要遵守的，不然制定出来有什么用？知道有捷径，却不走，这就是直，是自律。这本就是孔子推崇的品德之一，品德直的人，当然是儒家的人才。

以今天的观念来看，这样好不好呢？个人认为，我们不能死板地看待这个标准。有些事，所谓的捷径换个说法就是偷懒，这样的捷径当然不能走。比如运动员的训练，按标准经年累月地练太累了，靠药物算是条捷径，可后果非常严重。武术、绘画、书法、音乐、语言等都是种功夫，必须要经过长时间地积累与磨炼，你走捷径就不行。可也有些事情，不知寻找捷径就是笨，是死磕，找捷径就是发明创造，比如为了省时省力而发明出的各种机械装置，使人类进入了工业时代，这种捷径就是好的。

还有，就算子游的话是实指吧，但人的行为是他心理、性格的体现，所以仍然可以得出澹台灭明其人循礼无邪、正直无私的结论。况且还有后半句的补充，非公事不入，也说明他正直。没有公事去拜访领导，那多半不是送礼就是联络感情，当然不好。

马的缘故

子曰："孟之反不伐，奔而殿，将入门，策其马，曰：'非敢后也，马不进也。'"

孔子说："孟之反不夸耀自己。败退的时候，他留在最后掩护全军。快进城门的时候，他鞭打着自己的马说：'不是我敢于殿后，是马跑得不快的缘故。'"

"伐"与"矜"这两个字常常会连在一起用，表示自吹自擂，夸耀自己。

打了败仗，如何安全撤退很有讲究。历史上很善于打败仗的军事家应该算是诸葛亮，他六出祁山，都没有建树，但每次都能稳而有序地安全撤离。关于撤退，看得最准的则是贾诩，曹操前期五大谋臣之一。那时贾诩在帮张绣，张绣与曹操对战，曹操突然撤兵，张绣带上兄弟就要追，可贾诩说追不得，追上肯定会被打败。张绣不听，追，结果遇到亲自带兵断后的曹操，被虐。回来后张绣很是尴尬，但贾诩压根儿不在意，马上建议说你再去追，这回一定胜。张绣这回听话了，追击上去，果然大胜。为什么会这样？关键就在于殿后。至于具体原因，我们卖个关子，请大家自己去看《三国志》。注意，是《三国志》，可不是《三国演义》。

殿后殿得不好，就容易成炮灰，把自己给赔进去。孟之反殿后就做得很好，可他不但不居功，还向大家解释说，不是我胆子大，敢于在你们后面挡住敌人，其实都是因为这匹马跑不动啊。嗯，怎么说呢，我知道这是他不矜伐的表现，只是我总觉得这有点像一种变相的炫耀。

孔子认为孟之反谦逊到这种程度，十分值得赞叹，讲给学生听，是想告诉他们做人要不矜不伐。但作为今天的读者，读到孟之反这样的说辞，大约会觉得有些做作吧。

圣人论颜值

子曰："不有祝鮀之佞，而有宋朝之美，难乎免于今之世矣！"

孔子说："如果没有祝鮀那样的口才，而仅有宋朝的美丽，那在今天的社会里怕不易避免祸害了。"

夫子他老人家发牢骚也发得特有水平。

祝鮀字子鱼，卫国大夫，有口才，以能言善辩受到卫灵公重用。宋朝就是宋国的公子朝，《左传》里记载了他因为美丽而引起祸乱的事。

但说到美男子，就不能不提潘安，提到潘安，就不能不提一个成语——掷果盈车。

"安仁至美，每行，老妪以果掷之满车。"如果帅也分等级的话，一般男子长得好看，我们就称之为帅；长得很好看呢，就说很帅；如果比很帅还好看呢？在古汉语中，表示首、第一的意思可以用一个字，就是"元"，没错，可以叫他"元帅"。公子朝是很帅级的，而潘安，大约就是西晋"元帅"了。

潘岳在洛阳时正是年轻俊美、意气风发的时候，他经常坐着马车到洛阳城外游玩，这一出游可不得了，所过之地交通必然堵塞。年轻女孩见了他，都不由自主地手拉手围在车子的周围；上了年纪的妇人见了他也欢喜，但估计是觉得自己已经人老色衰，不好意思上前，就换了一种比较含蓄的方式表达，拿着水果往他车上扔，因此潘岳回家时往往载着满车的水果。后世便用“掷果盈车”来比喻女子对男子的爱慕与追捧。

其实历史上的潘岳不但人长得帅，文章也写得好，是当时有名的文人。他当时的文学地位与陆机并列，古称“陆才如海，潘才如江”，王勃的《滕王阁序》中，“请洒潘江，各倾陆海云尔”一句也可为证。

说到美男子比较激动，我们回来。

根据我的揣摩，孔子这抱怨可以有以下几种理解。

其一，人只是长得好看没什么用，免不了灾祸的。

其二，这句话的潜台词是，长得好看都没用，那么你长得难看就更难有机会了。不是有调查表明，颜值高的人无论在职场还是情场都更有竞争力吗？

其三，有些时代对长得好的人还有些优待，比较懂得尊重美。比如魏晋，虽然是人头如西瓜的一个混乱时代，却也是各种美女帅哥频出的时代，偏巧很多掌权者还就看脸。不过其他乱世对美就不那么重视了。

其四，按照这个句式，有了口才，又有了容貌，那就能吃得开了吧？可别忘了孔子还说过：“巧言令色，鲜矣仁。”没有仁德和才华兼备，只靠嘴和脸就能混得开，那是不正常的。但这不是我的错，是世界的错，仍是在骂这个社会不正常。

不过说归说，夫子并不会向这个社会低头。写到这里突然想起《梅兰芳》中王学圻饰演的十三燕的一句台词：“低头？那得爷愿意！”

觚不觚

子曰："觚不觚，觚哉！觚哉！"

孔子说："觚不像个觚了，这是觚吗？这是觚吗？"

第一眼看去，《论语》也太草率了吧，连这种莫名其妙的话都记录进来了，到底是闹哪样啊？老实说，这句话有各种解释，我也不知道夫子本意为何，但我觉得这句话比较好玩。

首先可以确定的是，这绝对是夫子的托物言志手法，是有所寄托的。

也许，夫子在感慨名不副实。觚是古代一种量器，细腰高足。但即便我这么说了，你看不到实物，也很难想象出它究竟是什么样子。后来觚的形状被改变了，孔子认为觚不像觚了，可它的名字还是觚，故而孔子感慨如今事物名不副实，又何止一二器具呢？所以他主张正名："名不正，则言不顺；言不顺，则事不成；事不成，则礼乐不兴；礼乐不兴，则刑罚不中；刑罚不中，则民无所措手足。"

也许，夫子在感慨周礼难以恢复。孔子推崇周礼，认为周礼规定的一切几乎尽善尽美，甚至是神圣不可侵犯的。这自然不对，但也许孔子只是把周礼作为一个寄托而已。量器外形的改变喻指的是人们对周礼不再认同了。

也许，夫子在感慨变化这一现象本身。天地万物变动不居，时代永远在前进变化，就连量器这样一个用具也都跟着时代演变了。但这样也不错，每个时代都有每个时代的精神与审美，未必就是今不如昔。

还有一种解读，认为“觚”就是“孤”，同音通假，本句是孔子自言自语：“我孤独吗？孤独呀！孤独呀！”这种解说倒也很有味道。

圣人与美人

子见南子，子路不说。夫子矢之曰：“予所否者，天厌之！天厌之！”

孔子去见南子，子路不高兴。孔子发誓说：“我假如做不对的事，让上天厌弃我吧！让上天厌弃我吧！”

关于这个夫子一生中仅有的一次可供后人无限八卦猜想的段子，我们先看下官方说法：

灵公夫人有南子者，使人谓孔子曰：“四方之君子不辱欲与寡君为兄弟者，必见寡小君。寡小君愿见。”孔子辞谢，不得已而见之。夫人在絺帷中。孔子入门，北面稽首。夫人自帷中再拜，环佩玉声璆然。孔子曰：“吾乡为弗见，见之礼答焉。”子路不说。孔子矢之曰：“予所否者，天厌之！天厌之！”

关于孔子与南子见面的细节，司马迁写得十分简单，译成白话的意思就是两人隔着帘子对拜，听到环佩叮当的声音。本着八卦的精神，我们可以质疑：如果这真的是一次普通的见面，司马迁有必要将之写入《史记》吗？再说了，如果是一次普通见面，为何没有仆人和随从在跟前？还有，这里的“所”字是一个假设连词，意思是如果，只用在誓词中，只在某人发誓的时候这么用，可见夫子这回是真急了。由此可以断定，司马迁这段描写，看似简单，实则包含不简单的成分。

这样想其实挺无聊的。

照记载，孔子见南子，南子对他恭敬万分。男女相见，中间挂一副珠帘，南子穿了国家的大礼服，在帘子里面向孔子跪拜，礼节做得足足的，可见对孔子的尊敬程度。但“环佩玉声璆然”，显然还是装扮过的。

孔子和卫国的渊源由来已久。一个原因是“鲁、卫之政，兄弟也”；另一个原因是卫国的贤人比较多，卫灵公时，卫国有一批不错的大臣，如蘧瑗、史狗、公子荆、公叔发等人。

关于南子其人，总体的评价是：“美而淫，好权术。”

南子是当时很美丽的一个女人，出身于宋国贵族之家，美丽、高贵、聪明，但是名声不好。据说她曾经和宋国的贵族公子朝相爱，公子朝是个美男子，由于当时有“同姓不婚”这个规矩，所以南子和他不能成为夫妻，后来南子便嫁给了卫灵公，可是还要让卫灵公把自己的旧情人公子朝招来。南子和卫灵公的男宠弥子瑕的关系也比较暧昧，可是卫灵公依然很宠爱她。《庄子·则阳》记载：“夫灵公有妻三人，同滥而浴。”“滥”即“鉴”，是古代的一种浴器，夫妻四人同浴，在古代也是很难想象的事，这当然包括南子在内。

这样一个人，夫子为什么要见她？而南子，又为什么非要孔子见自己？

这是一个没有答案的问题，因为无法考证，所以每个人都可以给出自己的猜测。

如果用花来比喻女人，南子应该是罂粟花吧，美丽非凡却有毒，吸食过的人，明知是毒却沉醉其中。这种花也需要阳光，所以在极端的不道德里要见极端的道德，在与圣人的交流中，哪怕得到的只是呵斥，大概也依旧会感到一些心灵的慰藉。但夫子终究还是走了，让她失望了，她只能永久沉寂于黑夜了。

这个解释很文学化，但也和其他许多解释一样，永远无法知道是对是错。无论如何，这是孔子一生中唯一一件不算绯闻的“绯闻”，因为孔子实在没有其他绯闻了。

述而篇第七

每天好心情

子之燕居，申申如也，夭夭如也。

孔子在家闲居，仪容整洁，很和乐而舒心的样子。

通常我们会下意识地认为，孔子是一个多愁善感的人，总是不在病中即在愁中。

在人们的印象中，孔子应该是一个文弱书生的形象。不仅孔子，君子都应该这样，如果君子长得和张飞一样，那不科学啊。但据史书记载，夫子身高九尺六寸，相当于现在两米左右的个子，且臂力过人，射箭技术高超。这倒是另一种人不可貌相了。

本则安排在这里，十分巧妙。因为我们前面刚刚说过孔子的忧虑，让人感觉他如同大家很熟悉的杜甫一样。杜甫给人的感觉就是天天穷愁，忧家忧国忧天下，虽然是愁之大者，也未免令人不快，所以我喜欢李白多过杜甫。青莲居士不仅忧家忧国，还会忧花忧月忧美人。德国著名汉学家顾彬也说过，把他拉入汉语世界并使他为之痴迷不已的，就是李白的一句诗：“故人西辞黄鹤楼，烟花三月下扬州。”他认为杜甫有点脆弱，总是哭，且有诗为证，什么“涕泗满衣裳”啊，“老来泪纵横”啊，等等等等。

夫子是否也如此呢？当然不是。

燕居的“燕”与“晏”相通，在文学上也叫“平居”，即在家的日常生活。孔子的日常是“申申如也”，很整洁很干净，并非皱起眉头，一天到晚都在忧愁，都顾不上拾掇自己的状态。他修养好得很，非常爽朗、舒心、愉快。尽管也心系天下，但他还是保持着豁达的胸襟、活泼的心情，能够挺拔于尘俗之中，这是多么可爱的事。这才是圣人风度。

圣人的梦

子曰：“甚矣吾衰也！久矣吾不复梦见周公！”

孔子说：“我衰老得多么厉害啊，我很久都不再梦见周公了。”

圣人连做梦都会被流传下来，真是不易。

周公的名字比较好玩，叫姬旦。相传周代的礼乐制度便是周公所制定，深为孔子所推崇，周公也是儒家难得标榜的几个人物之一。

从前经常梦见贤德的周公，如今好久不曾梦到了。自己如今真是松懈了，不再像从前那样勤勉。

可我觉得，谁都有贪玩松懈的时候，大学问家也不能免俗。拜读一下季羡林的《清华园日记》，愧悔的心情一定会好上很多，不信我摘几条你们看看：

“没做什么有意义的事——妈的，这些混蛋教授，不但不知道自己泄气，还整天考，不是你考，就是我考，考他娘的什么东西？”

“论文终于抄完了。东凑西凑，七抄八抄，这就算是毕业论文。”

“过午看女子篮球赛，不是去看打篮球，我想，只是去看大腿。”

对于这些看起来很有损他形象的话，他自己是这么说的：“这些话是不是要删掉呢？我考虑了一下，决定不删，一仍其旧，一句话也没有删。我七十年前不是圣人，今天不是圣人，将来也不会成为圣人。我不想到孔庙里去陪着吃冷猪肉。我把自己活脱脱地暴露于光天化日之下。”

孔子学习古代文化，尤其钟情于周公开创的“礼乐文明”，把“为东周”作为自己的人生追求。为了“得君行道”，他颠沛流离，周游列国。日有所思，夜有所梦，他持续地思考着如何恢复周代礼乐文明的伟业，因此才会经常梦见周公。

到了晚年，理想几近破灭，孔子遂退于洙泗之滨，教授弟子，整理六经。此时，他的心志不同于从前，“无复是心，而亦无复是梦矣”，是以浩叹：“甚矣吾衰也！久矣吾不复梦见周公！”

这句叹息，其实是孔子对“道”之不行的隐喻性表白。

酒与杯

子曰：“富而可求也，虽执鞭之士，吾亦为之。如不可求，从吾所好。”

孔子说：“富贵如果可以求得来，就是为人执鞭一类的工作，我也愿意做。如果不可求，还是顺从我自己的喜好生活吧。”

本句亦是夫子有名的话。我认为这是一句看透了人生中的偶然与必然后的通透解脱之语，把一个复杂多变、颠倒梦想、众生苦苦执着的大千世界说得如此从容、简单。

《尚书》定义了什么是五福：寿、富、康宁、攸好德、考终命。富居第二，可见古人是很看重的。我们注意夫子的语气，“而”是一个表示假设的连词，如果求得来，我就是去做个赶车的也行。但夫子并没有这样做，显然，其中的潜台词是富是求不来的。真是这样吗？

古语云：“生死有命，富贵在天。”想发点小财，只要能节省、够勤劳、肯去做，没有不富的，所谓的勤俭持家就是这个道理。既懒惰，又不节省，那么永远也富不了。大富需要大到什么程度很难说，但大富的确由命。提到首富必然绕不开李嘉诚与比尔·盖茨，仔细看下他们的传记就知道，他们一生中多次成功把握到了机遇。是时代和社会给了他们这个机遇，不然他们不可能成就那不可思议的辉煌。像我们做老师的，每月就那么些工资，勤俭节约的话，十年下来，几十万积蓄可得。可人家搞商业谈生意的，分分钟上下几百万，喝瓶红酒都能花两万，我们工作一辈子也不及啊。

那怎么办？我们就开始仇富？在羡慕嫉妒恨中过一辈子？

下半句就来了，富贵只是生活的形态，用金杯、翡翠杯喝酒都是喝酒，杯子不同而已。

这里乱入一段《笑傲江湖》的节选内容：

祖千秋指着一坛酒，说道：“这一坛关外白酒，酒味是极好的，只可惜少了一股芳洌之气，最好是用犀角杯盛之而饮，那就醇美无比，须知玉杯增酒之色，犀角杯增酒之香，古人诚不我欺。”

……

只听他又道：“至于饮葡萄酒嘛，当然要用夜光杯了。古人诗云：‘葡萄美酒夜光杯，欲饮琵琶马上催。’要知葡萄美酒作艳红之色，我辈须眉男儿饮之，未免豪气不足。葡萄美酒盛入夜光杯之后，酒色便与鲜血一般无异，饮酒有如饮血。岳武穆词云：‘壮志饥餐胡虏肉，笑谈渴饮匈奴血。’岂不壮哉！”

……

祖千秋又道：“饮这高粱酒，须用青铜酒爵，始有古意。至于那米酒呢，上佳米酒，其味虽美，失之于甘，略稍淡薄，当用大斗饮之，方显气概。”

……

祖千秋又道：“饮这绍兴状元红须用古瓷杯，最好是北宋瓷杯，南宋瓷杯勉强可用，但已有衰败气象，至于元瓷，则不免粗俗了。饮这坛梨花酒呢？那该当用翡翠杯。白乐天《杭州春望》诗云：‘红袖织绫夸柿叶，青旗沽酒趁梨花。’你想，杭州酒家卖这梨花酒，挂的是滴翠也似的青旗，映得那梨花酒分外精神，饮这梨花酒，自然也当是翡翠杯了。饮这玉露酒，当用琉璃杯。玉露酒中有如珠细泡，盛在透明的琉璃杯中而饮，方可见其佳处。”

小说写得真是精彩，很有想象力，但从科学的角度看，这都是心理作用而已，酒还是酒。所以，富贵不该是人生的目的，那是老天给你的惊喜，不必太过在意，也没必要为此而汲汲奔走。你看老葛朗台，积累了惊人的财富，可他一辈子都没有真正快乐过。

所以我还是从我所好，走我自己的路。说得多么从容。你居广厦万间，我住草堂一舍；你香车美酒，我清粥小菜，乐在其中。唐伯虎有诗：“车尘马足富者趣，酒盏花枝贫者缘。若将富贵比贫者，一在平地一在天。若将贫贱比车马，你得驱驰我得闲。”

我想住舒适一点的房子，买辆车子，去想去的地方，可求吗？可求。所以你努力，达到了预期，很快乐，有成功的喜悦。可你说我想买个小岛做房子，坐私人飞机，早上在加勒比海吃早饭，晚上到巴黎香榭丽舍大道散步，可求吗？够呛。但你偏偏以此为目标奋斗一辈子，可能就开心不了几天了。考个好大学可求吗？可求，好好学习便成；上清华北大呢？当省市状元呢？未必，所以也不必以此为目标。虎妈虎爸教出的孩子，一定不快乐。求不得最苦，因为看不透。

人生中有许多无力的事，许多自己决定不了的事，有可为的，有不可为的。儒家主张积极入世，但孔子从不说人定胜天。可为的一定去做，是勇；不可为的一笑而过，不执着痴缠，是智。

看得通透达观，就可得解脱自在。一句“从吾所好”，生命的意义便在其中，所以孔子“夭夭如也”。

那么，你呢？

浮云聚散

子曰：“饭疏食饮水，曲肱而枕之，乐亦在其中矣。不义而富且贵，于我如浮云。”

孔子说：“吃粗粮，喝冷水，弯曲手肘当作枕头，也乐在其中啊。用不正当的手段使自己富有、尊贵，这对我如同浮云一般。”

这亦是夫子的名言，而且从文学境界来看，写得最美。

孔子从来不仇富，只是反对不义之财。

可是又有多少巨富是仁义的？商人大多信奉这样一句话：富贵险中求。比如石崇。

石崇，字季伦，小名齐奴，西晋开国元勋石苞第六子，“金谷二十四友”之一，依靠为官时劫掠往来富商而致富。据《世说新语》等书记载，石崇家的厕所修建得华美绝伦，备有各种香水、香膏给客人洗手、抹脸，且常有十多个女仆身着锦绣，打扮得艳丽夺目，列队侍候客人上厕所，以致客人们大多不好意思如厕。

后世人们更为津津乐道的是他与晋武帝舅父王恺的斗富，与之相比，今时今日的炫富实在是没什么想象力。一次，晋武帝暗中帮助王恺，赐他一棵二尺高的珊瑚树，世所罕有。王恺拿来给石崇看，石崇看后一言不发，突然暴走，用铁如意敲碎珊瑚树。王恺大怒，认为石崇是嫉妒自己的宝物，石崇却说："这不值得发怒，我现在就赔给你。"然后命令手下人把家中的珊瑚树全搬出来，每株都有三四尺高，光耀夺目，如王恺那样的就更多了。王恺看了失意不已。

但与这些相比，我最不能忘却的却是那一道坠楼的身影。

石崇有爱妾名绿珠，貌美艳，善吹笛。司马伦的党羽孙秀派人向石崇索要绿珠，石崇将自己的数十个婢妾都引出来让使者看，说："从中挑选吧！"

使者说："君侯这些婢妾美丽倒是美丽，然而我是受命来要绿珠的，不知哪个是？"

石崇勃然大怒："绿珠是我的爱妾，你们是得不到的。"

使者说："君侯博古通今，明察远近，望三思。"石崇答："不需要三思了。"孙秀恼怒之下，劝司马伦杀掉石崇。士兵来到门前时，石崇正在楼上宴饮，对绿珠说："今天我为了你而得祸。"绿珠哭着说："我应当在你面前死去来报答你。"于是自投于楼而死。

杜牧有诗云："繁华事散逐香尘，流水无情草自春。日暮东风怨啼鸟，落花犹似坠楼人。"写的便是绿珠。

孔子说这样的富贵于我就像浮云一样。为什么不要不义的财富？

因为不义则心不安，心不安则不快乐，总觉得明天就会犯事，内心无法坦荡。与其这样过每一天，何如清贫却洒脱地过一生呢？经常可以读到这样的心灵鸡汤故事：一个快乐的乞丐和一个不快乐的富翁，乞丐得到富翁给予他的钱之后，却不快乐了，因为想要更多的钱，同时也生怕丢了手中的钱。最后把钱还给富翁，才又快乐起来。这故事虽然听着有点作，可毕竟有些道理。

另外，夫子把这种富与贵比作浮云，比得妙极了。因为天上的浮云总是一下子聚在一起，一下子又散了，连影子都不留。可是一般人看不清楚，只在得意时看到功名富贵如云一样聚集在一起，却没有想到它们接着就会散去。富贵、名利都是浮云，聚散不定，看通了这点，自然就可以不再受物质与虚荣的迷惑，可以快乐地生活、愉快地玩耍了。

普通话与方言

子所雅言，《诗》，《书》，执礼，皆雅言也。

孔子有用普通话的时候，读《诗》，读《书》，行礼，都用普通话。

雅言，是当时中国所通行的语言。春秋时代各国语言不统一，这不仅可以想得到，古书中也容易找到证明，而当时较为通用的语言就是雅言。

日常交流，同一个地方的人说本地的方言，亲切而随和。如果刻意用普通话，用朗诵腔，反而显得矫揉造作。但方言毕竟也有局限性，不信你用四川话读几段《再别康桥》看看：

悄悄咪咪儿地，我走瓜了！
就像我悄悄咪咪儿地来！
我轻轻儿地甩哈手杆，
啥子东西都不想带走！

嫌不够味儿？好，再来一段：

装满一木船星星儿的月光，

在明晃晃的坝坝头莽起吼。

但是我不能莽起吼。

再读下去，我估计徐志摩该后悔写《再别康桥》了。

所以有些时候，必须使用普通话。孔子就很清楚这一点，在不同场合，使用不同语言。这一则记在这里，大约是对语言问题的重视吧。

小李飞刀

叶公问孔子于子路，子路不对。子曰："女奚不曰：'其为人也，发愤忘食，乐以忘忧，不知老之将至云尔。'"

叶公向子路问孔子是个什么样的人，子路不答。孔子（对子路）说："你为什么不这样说：'他这个人，发愤用功便忘记吃饭，快乐便忘记忧愁，连自己快要老了都不知道，如此而已。'"

叶公的名气，得之于《叶公好龙》这则广为流传的寓言故事。历史上真正的叶公，芈姓，沈尹氏，名诸梁，字子高，因封地在叶邑而称叶公。他与孔子是同时代的人，高寿，子孙后代亦人丁兴旺，如今的叶姓和部分沈姓人家多奉其为始祖。

解说本则我们用反衬手法，最后点题，所以大家一定要看到最后哦。

佛经定义的人生七苦，排第二位的便是老。年轻时可能不觉得，可一旦过了三十，就不一样了。古人寿命短，更是如此。不是有这样一句诗吗？"自古美人如名将，不许人间现白头。"

无论是生命，还是世事，繁华过后的那份苍凉都十分无情。我以为，把这份苍凉写得很好的，是这样一段文字：

古老的宅邸，重门深锁，高墙头已生荒草，门上的朱漆也已剥落。无论谁都看得出这所宅院昔日的荣耀已成过去，就像是一棵已经枯死了的大树一样，如今已只剩下残破的躯壳，已经不再受人尊敬赞美。

可是，如果你看见今天从这里经过的三个江湖人，就会觉得情况好像并不一定是这个样子的，你对这个地方的感觉也一定会有所改变。

这三个江湖人着鲜衣，骑怒马，跨长刀，在雪地上飞驰而来。

他们意气风发，神采飞扬，这个世界上好像没有什么事能够阻挡得住他们的路。

可是到了这所久已破落的宅邸前，他们居然远在百步外就落马下鞍，也不顾满地泥泞冰雪，用一种带着无比仰慕的神情走过来。

“这里真的就是小李探花的探花府？”

“是的，这里就是。”

朱漆已剥落的大门旁，还留着副石刻的对联，依稀还可以分辨出上面刻的是：“一门七进士，父子三探花。”

三个年轻的江湖人，带着一种朝圣者的心情看着这十个字。

“小李飞刀，冠绝天下。出手一刀，例不虚发。”一个最年轻的年轻人叹息着说，“我常常恨我自己，恨我为什么没有跟他生在同一个朝代。”

“你是不是想和他比一比高下？”

“不是，我也不敢。”

一个年轻气盛的年轻人居然能说出“不敢”两个字，那么这个年轻人的心里对另外一个人的崇敬已经可想而知了。

可是这个心里充满了仰慕和崇敬的年轻人忽然又叹了口气。

“只可惜李家已经后继无人了，这一代的老庄主李曼青先生虽然有仁有义，而且力图振作，可是小李飞刀的威望，已经不可能在他身上重现了。”

这个年轻人眼中甚至已经有了泪光，低声道："小李飞刀昔日的雄风，很可能已经不会在任何人身上出现。"

……

三个人牵着马默默地在寒风中伫立了许久，才默默地牵着马走了。

如果看完这段话你没有感觉，那是因为你没有读过古龙的《小李飞刀》。我觉得90后往后的孩子们其实很不幸福，因为属于他们的流行文化中少有经典。当然，你也可以说是我落伍了。

在《飞刀，又见飞刀》这个故事里，飞刀再现，已不再是为了杀人，也不再是为了救人，而只是为了一个家族的荣誉。李寻欢解下了心中的枷锁，他的巨大声誉却又成为另一个枷锁，套在了后人身上。人在江湖，身不由己，"无可奈何"这四个字，大概没有人比古龙更了解了。于是他笔下的李家，充满了垂暮的气息。是不是因为他自己的创作也到了垂暮的时候？

引用这许多，是想说明，越是如此，越发能反衬出孔子这份修养的难得。对于衰老，他说："乐以忘忧，不知老之将至！"现在，你明白这有多难得了吧。

一念精进

子曰："仁远乎哉？我欲仁，斯仁至矣。"

孔子说："仁德难道离我们很远吗？我要它，它就来了。"

仁义并不是看不到、摸不着、很高远的东西。心中向仁，就可达于仁道，不需要向外驰求。

说一个佛家的故事吧。

过去有位老僧，住在山洞里修行。修行时觉特别多，他便想了个办法对抗瞌睡。他坐在悬崖上，对自己说：“你睡吧，睡了就掉下去，掉下去，就是粉身碎骨。”于是就不敢睡了。但没支持多久他就又睡着了，一睡就往悬崖下掉，掉下去时被护法神给接住了。

老僧很高傲，对护法神说：“南阎浮提像我这样修行的很少吧？”护法神回答：“像你这样的修行人多如牛毛，是你自己看不见。”由于他有这种傲慢心，护法神便表示：“五百劫不护你的法。”天地一成一毁为一劫，是佛教的宏观时间概念之一。传说宇宙经历千万年后会归元复始一次，重新再开始，这倒和如今宇宙坍缩的假说相吻合。

不护就算了，我照样修行。时间一长，还是想睡觉，老僧坚持不住，又掉下了悬崖，护法神又把他拖上来了。他问：“你不是五百劫不护我的法吗？怎么又来了？”护法神回答：“你一念精进，已超过五百劫，所以我又来护持你了。”

所以，一念精进，一心向仁，仁便至矣。

泰伯篇第八

不可夺志

曾子曰：“可以托六尺之孤，可以寄百里之命，临大节而不可夺也。君子人与？君子人也。”

曾子说：“可以把年幼的孤儿和国家的命脉托付给他，面临生死存亡的紧急关头，却不动摇屈服。这样的人是君子吗？是君子啊！”

儒家提出的标准，用语言表述起来总是淡淡的那么几句，如果不用历史事实加以印证，你不会知道它的重量。

政治上有名的托孤，大约是刘备在白帝城对诸葛亮的那番嘱托。刘备在临死前对诸葛亮说：“君才十倍于曹丕，必能安国，终成大事。若嗣子可辅，则辅之；如其不才，君可自取。”而诸葛亮的回复是：“鞠躬尽瘁，死而后已。”这八个字，就是他为自己写下的归宿，也成了历史给予他的评语，他真的做到了。

后人有的说这是刘备的权谋，就是故意这样说，要诸葛亮不能有二心。可《三国志》中的记载，和我们自己心中的期望，都不太倾向这样的看法。刘备应该是出自真心的，他非常有识人知人的能力，而诸葛亮的品行操守，也值得这样的托付。

再讲述一则悲壮的托孤故事。

历史走到南宋末年，危机四伏，随时可能终结。然而，就是这样“山河破碎风飘絮”的危艰时局，却英雄辈出，共扶河山，同撑危局，明知不可为而为之。那些坚守，千年之后仍令人不禁叹惋。

他的名字叫陆秀夫，自幼聪颖。他其实与文天祥同年，只是文天祥的光焰太炫目了，以至于历史歌咏着“人生自古谁无死，留取丹心照汗青”的决绝誓言时，湮没了同样光彩照人的陆秀夫。

南宋的最后一届朝廷班子，是以赵昰为首的“海上行朝”。此时，陆秀夫负责中央日常工作，“外筹军旅，内调工役，凡有所述作，又尽出其手”。他严谨自律，每次朝会，都“俨然正笏立，如治朝”。有时，感于时事危艰，这位堂堂男子汉也不禁潸然泪下，大臣们感同身受，都悲痛不已。

之后的崖山海战是宋元间的最后一战，也是一场极其悲怆的战役，此战之后，赵宋王朝彻底灭亡。

当时陆秀夫护着幼帝赵昺，心知逃脱已不可能，于是盛装朝服，手仗利剑，催促着妻子儿女投海自尽。接着，他来到赵昺面前，双膝跪下，神色凝重，恭恭敬敬地三叩首，说：“臣等不才，中兴之路绝矣。我大宋徽宗、钦宗因投降而受尽北人侮辱，陛下不应重蹈旧路，当为国死难。”

惊恐万状的幼帝似懂非懂地摇摇头又点点头。陆秀夫再次向幼帝三叩首，伏在地上，让幼帝爬上他的后背。然后，他站起来，用白色绸带把幼帝和自己紧紧绑在一起，一步一步地走向船舷，走向舵楼，环顾烟雨，纵身一跃，永远地消失在海天苍茫之中……

积弱的大宋王朝，文化最发达的大宋王朝，在绮丽的词中唱着百转千回的旖旎情思的大宋王朝，选择用最悲壮的方式结束这最后一笔。

你可以说这是一种愚忠，也可以说这是有悖历史潮流的逆举，可我，是真的被他感动了。忠贞的对象也许有错，但忠贞本身却是一种高贵的精神品质，这点不会改变。

再说“临大节而不可夺”。

文天祥年轻的时候，“性豪华，平生自奉甚厚，声伎满前。至是，痛自贬损，尽以家赀为军费”。他也喜欢歌舞美人，对自己很慷慨，但这些都是小节，你若据此认为这个人很轻浮就错了。当国家大难来临的时候，他矢志抗敌，舍生忘死。意识到复国无望的时候，便选择从容就义，心志坚决如铁石。“慷慨赴死易，从容就义难。”他从容到什么程度？忽必烈来亲自劝降，他也不改态度。我想，忽必烈心中一定也很感慨。蒙古大军的长弓烈马可以征服世界，却征服不了眼前的一个人。文天祥在北京被关了三年，那时宋朝已经没有了，他已经尽过自己的忠义了，此时即使投降，天下人也不该指责他了，只要他一点头，就可以一人之下万人之上，但他只求一死。

文的不行，那就来武的，忽必烈让他在元军中为奴为婢的妻儿写信给他看，述说其中的苦楚，只要他点头，这一切立刻就可以改变。相信读信的时候，他的心一定是如刀割的，但文天祥怎么说？他说到了这个时候，我已顾不得你们了。就是不降。因为此时，他已经成为南宋王朝最后一个政治符号，他生命的意义已经不仅属于个人了，他一定要为这个积弱的王朝留下一点刚烈。

曾子说，这样的人是君子吧？然后自问自答，的确，是真正的君子啊。儒家所谓的学问，难道是“之乎者也矣焉哉”的掉书袋吗？难道是“关门闭户掩柴扉”的累赘诗文吗？当然不是，真君子既是万年青草，也是百年大树，可以傲霜雪，更能充栋梁。

任重道远

曾子曰：“士不可以不弘毅，任重而道远。仁以为己任，不亦重乎？死而后已，不亦远乎？”

曾子说：“士人不可以不刚强而有毅力，因为他负担沉重，路程遥远。以实现仁德于天下为己任，不也沉重吗？到死方休，不也遥远吗？”

这一段话，说得逻辑严密，环环相扣。但是要倒着看，才更容易体会。

先跑下野马(估计你们都习惯了)，有时候，倒过来看，往往会更有感触，比如四大名著。

如果把《西游记》倒过来看：如来派师徒四人与小白龙去东土大唐传教。一行人一路上遭遇各种魑魅魍魉，可打来打去发现他们都是天庭神仙的坐骑，无论在人间怎样作恶，最后不过重回天上而已。八戒和沙僧心灰意冷，一个躲进高老庄，一个钻进流沙河，再也不问是非。只有悟空坚持约定，一路斩妖除魔护送师父东去。

天庭对悟空忍无可忍，又无力制止，就和如来达成协议——我们可以保证唐三藏平安到达长安，不过你得把孙悟空收了。如来同意，一番策划之下，白龙重伤，坠入山涧。悟空败了，被压在五指山下。唐三藏抛弃了孙悟空，孤身来到长安，在长安讲经说法，被封为御弟，享受荣华富贵，寿终正寝。

就这样过了五百年，悟空终于从五指山下出来，发起了史诗般的复仇，把天庭搅了个天翻地覆，无人能挡。天庭被逼无奈，许诺让猪八戒化为人身，封天蓬元帅；沙和尚封卷帘大将，只要他们能够杀掉孙悟空。

最后的最后，因为兄弟相残而心灰意冷的悟空去寻找菩提祖师解惑，然后他封印了自己的惊天修为，回到花果山，陪着猴子猴孙过完了平凡的一生，最终在花果山的山顶化作了一块石头……看到这里，你是不是很想哭？后来有个网络写手叫今何在，路过这里，写出一本《悟空传》，成为我们青春记忆的一部分。

其他三本当然也可以这样读，但都不如《西游记》这样让人感伤。

“不亦远乎”是个反问句，表示肯定的态度，实际是说很远啊。第一句就是一个悬念，什么很遥远呢？世上最遥远的距离，不是生与死，不是天各一方，而是，我就站在你的面前，你却不知道我爱你。据说这诗是泰戈尔老爷子写的，我是没信过，不知道你了。所以这是夫子对心上人的长情告白？算了，别扯了，往前看，“死而后已”，直到生命终结才能停下，那自然是很遥远了，可是，悬念并没有得到解释，到底是什么事情要坚持得如此漫长，用一生做承诺？

“不亦重乎？”上一个悬念还未明了，又多了一个悬念，什么东西那么重？板砖？金块？大部头经典？算了，别猜了，有了上一句的经验，继续往前看。

“仁以为己任。”这一句话把悬念都解释了，原来是把实现天下归仁作为自己的志向，这件事，是读书人的一副重担，要挑到一生结束为止。

仁与义，都只不过是一个概念而已，写到宣纸上，连几钱重都未必有，怎么说“不亦重乎”？因为对于有重量的事物，我们衡量它，用的是秤，多重多轻，一目了然。可对于文化品格，这把秤的名字就有些特别，叫作良知秤。你若心中有良知良能，那么仁义就重于千金；你若没心没肺，那么仁义就一文不值。

据说，心学大家王阳明曾抓住过一个盗贼，既不打也不骂，而是命令他当众把衣服脱了。不仅是盗贼，连他的门人弟子和同僚们也大惊，没听说过老师有这种爱好啊？盗贼惊惧交加，奈何被抓到官府，不敢不从，只得战战兢兢，依言而行，脱掉上衣。

但王阳明并不满足，喝令再脱，一直脱到只剩一条裤子。这回，任凭他疾言厉色，盗贼就是不肯再脱，并高声喊道：“打我也罢，杀我也罢，就是不能再脱。”王阳明问他为何，小偷支支吾吾说不出来。王阳明随即指着他向众人道：“这就是他的一点儿良知。”

我们都知道，这种心理其实就是人的羞耻之心，升华到理性层面，便是是非之心——脱外衣，可；一丝不挂，不可。这才是人之为人的根本。

之后的事情，都能猜到，说说也好。

小偷泣涕不已，给王阳明下跪道：“我为生计所迫干此行当，从来就没有人尊重过我，我自己也瞧不起自己。做贼这几年，被人逮住后只有被打被囚的份儿，从没有人说过我还有良知，只有您还把我当人看，我不能辜负您。今后绝不再偷！”

王阳明叹道：“愚不肖者，虽其蔽昧之极，良知又未尝不存也。苟能致之，即与圣人无疑矣。”

那么，在有良知的君子心中，仁义重于泰山，也就好理解了。自己达到了仁义还不够，还要实现仁德于天下，这般宏愿，和地藏王菩萨发下的誓言——“地狱不空，誓不成佛”相比，也毫不逊色。而我们从前一直津津乐道的什么“燕雀安知鸿鹄之志”“苟富贵勿相忘”之类的所谓志向，就上不得台面了。

这样的志愿既重又漫长，合而言之，便是任重道远。需要具有怎样的品质才能挑起来、走下去呢？

便是弘毅。“弘”有刚强之意，而“毅”是坚毅的意思，这个词并不是指弘扬毅力，它是个并列结构，而非动宾。所以要实现这个伟大的志向，就要有刚强而又坚毅的品格，因为这是一条漫长、艰难且孤独的路，非弘毅者不可达。

子罕篇第九

掌舵人

达巷党人曰：“大哉孔子！博学而无所成名。”子闻之，谓门弟子曰：“吾何执？执御乎？执射乎？吾执御矣！”

达巷党这个地方的人说：“孔子真伟大啊！他学问渊博，无法以某一方面的专长扬名。”孔子听说了，对他的学生说：“我要专于什么呢？驾车呢？还是射箭呢？我还是驾车吧。”

有人称赞孔子，孔子听了后对他的弟子们说，我做什么呢？玩飙车还是玩枪火？算了，还是体会一下速度与激情吧。从字面上看，本则文字就这样解释完了，所以你们觉得《论语》实在没什么意思，居然还要背诵。孔夫子的这些学生们也忒无聊，这样的口水话也记下来。

那么就让我们微言大义一下吧，按夫子一贯的说话方式——托物言志、别有寄托来理解。

关于驾车，我们知道，传说中的祖先黄帝大战蚩尤时，就造出过指南车，全凭这车指示方向，才冲出迷雾，化险为夷。所以，车与方向有关，而方向，和路有关。

魏晋时期的阮籍驾车出行时喜欢让车子随便走，等走到无路可走的时候，就痛哭，哭过后，就回去。后人就用“穷途之哭”来形容人在走投无路时的悲伤。而据《荀子》的记录，则有：“杨朱哭衢途曰：‘此夫过举蹞步，而觉跌千里者夫！’哀哭之。”衢是四通八达的大道口，也就是今之所谓的十字路口。在这里走错半步，到觉悟后就已经和原来的方向差之千里了，即使想悔改，也来不及了，所以杨朱哭泣。后人称之为杨朱泣歧路，和上文的阮籍哭穷途，刚好对仗。

现在意义就明显了，方向的意思其实是指人生的方向。夫子的意思就是要做个“执御”的驾驶人，做一个历史时代的先驱者，为人们引导一个方向。

弟子们把他这句话记下来，是有深意的。

这位老师，您想多了吧，我以为，这就是夫子信口说的一句话而已，至于弟子为什么要记录下来，因为尊重老师呗。

很好，你的话体现了一个重要问题，就是文学作品究竟要不要过度解读。

首先，你要知道所谓的诗教并不只是教人做一个诗人，诗歌可以是一种启发，一种灵感的激励，也许作者本身没这个意思，但读者可以读出这个意思。

鲁迅先生曾写道："我的院子里有两棵树，一棵是枣树，另一棵还是枣树。"在中学语文课本上，这篇文章的课后习题是："这句话反映了鲁迅先生的什么心情？"这个问题一直广为诟病，成为过度解读的经典例子。因为拍摄纪录片《穹顶之下》而火爆一时的柴静曾写过《杂种冯唐》一文，其中提道：

老罗当年念到这儿就退学了，他说："我他妈的怎么知道鲁迅先生在第二自然段到底是怎么想的，可是教委知道，还有个标准答案。"

冯唐是另一种高中生，他找了一个黑店，卖教学参考书，黄皮儿的，那书不应该让学生有，但他能花钱买着，书中写着标准答案："这句话代表了鲁迅先生在敌占区白色恐怖下不安的心情。"他就往卷子上一抄。

老师对全班同学说："看，只有冯唐一个同学答对了。"

先生的这两句话，真的只是无意义的重复吗？作为一个语文老师，我要维护一下我的偶像，反驳一下这些不敬之词。

如果离开上下文不谈，这话确实很累赘。现实生活中，肯定没有人会这样说。但正是这样一句看似累赘的话，才构建了一种语境，一种氛围。

举个例子：某人喜欢儿子胜过女儿，可惜不巧，育有两个千金，就是没有儿子。旁人问他，家中可有孩子？如果他回答，有两个女儿。那么这句话听上去就很平常。如果他说：有两个孩子，老大是个女孩儿，老二还是一个女孩儿。则他的失望之情就溢于言表了。

鲁迅先生在这篇文章中为什么要用这样的方式呢？他想要表达什么？我们可以猜想一下，也就是解读一下。用了这样的句子，如果慢慢体会，你会感觉到一种孤寂。院子里边其实什么也没有，除了枣树还是枣树，这就有一种孤寂的感觉在里面。读者看到写院子里边有两棵树，一棵是枣树，下意识地会以为院子里面还有别的东西，可是没有，剩下的还是枣树。

很单调，很孤单。

这种孤寂的感觉，如果用“院子里面有两棵枣树”来表现，肯定是达不到的。

还有，就是对这种孤寂的不满。先生心底里希望出现新鲜的景象，或有“别的树”可以一看，可是没有。你会反问，难道鲁迅下笔之前会想到这么多？我的回答是，没错，先生下笔前一定是有这样的心情，然后就是仅凭语感写下句子，传达出这份心情的。大师们靠的不是严密的逻辑推理，而是感觉，对文字的感觉，所以优秀的作家都是语言大师。我以为，先生在创作的时候，必定也是凭感觉写下这一句的。

对待一些伟大的作品，盲目膜拜自然不对，但是如果一开始就踩在脚下，管窥蠡测，妄加批判，那是无法真正理解这样的作品的。

遗憾的是，越是激越的批评，迎合的人却越多。

四不要

子绝四：“毋意，毋必，毋固，毋我。”

孔子一点也没有四种毛病：不主观猜疑，不绝对肯定，不固执己见，不唯我独是。

什么是“毋意”？

苏东坡读到王安石的《咏菊》诗：“西风昨夜过园林，吹落黄花满地金。”很不以为然，心想菊花敢与秋霜鏖战，至死焦干枯烂，也并不落瓣，于是随手写道：“秋花不比春花落，说与诗人仔细吟。”后来苏轼调任黄州团练副使，在重阳节后的一天步入菊园，只见满地铺金，枝上已无一朵菊花，这才知道，同为菊花，竟也有落瓣与不落瓣之分。自己就这样被打脸了。

生活中，不要主观臆断，不要过于执着一己的见解，善于聆听其他人的意见并且将有用的建议付诸实践，将会是对“毋意”这一要求的完美补充。

什么是“毋必”？

不要绝对肯定一件事。因为说必然要做到怎样怎样，那是否定生活中的偶然性，世界上几乎没有这种事。五经中的第一经——《易经》，其名字就是变化的意思，提出八卦来阐发变易的道理。天下事随时随地都和前一刻不同，思想在变、情感在变、身心在变，没有不变的事物。如果非要找一个不变的事物，大约只有变这件事本身是不变的了。孔子深谙这个道理，所以他说“毋必”。人事常变，自己定下的目标方向，如果客观条件不允许，那就应该实时变通，修正目标。

“毋固”，就是不要固执。有了“毋必”的认识，自然会有如此态度，这是紧接着上文的变化而说的。

“毋我”，就是不要总认为自己是对的，不要唯我独尊。孔子一向反对自以为是，他本人就认为颜回比自己更了解仁，更接近仁的境界，他又觉得学生子贡比他更善于辩论，而子路则比他勇敢。

一个人如果把意、必、固、我发挥到了极端，随时随地都要发作，必然会给自己和他人带来无尽的苦恼与麻烦，甚至会造成致命的、难以挽回的错误。这些缺点人们或性格中固有，或偶尔一犯，但幸好，经验和阅历赋予了我们反省的能力：三省吾身，常思己过，斯可矣。

老师，我绝对没有意、必、固、我的毛病。

绝对没有？

对，绝对没有！

嗯，绝对……

学会文武艺

子贡曰："有美玉于斯，韫椟而藏诸？求善贾而沽诸？"子曰："沽之哉！沽之哉！我待贾者也。"

子贡说："这里有一块美玉，是把它收藏在柜子里呢？还是找一个识货的商人卖掉呢？"孔子说："卖掉吧，卖掉吧！我正在等着识货的人呢。"

先定义一个概念：价值。

怎样才算有价值？从认识论上说，是指客体能够满足主体需要的效益关系。我们说水有价值，那是因为水可以维系人的生命，对人有用，人们对水有需要。如果水对人无用，不能满足人的任何需要，水就不会有任何价值。水如此，其他任何事物都是如此。

人当然也是。是否有人需要你？如果没有，那你的价值何在？从自身的角度来说，每个人都渴望被人需要。书画家完成了一件杰作，若是没有人欣赏，就会觉得如锦衣夜行；歌唱家在高歌时，若是无人聆听，也会觉得十分无趣。

你不求名利，有才华却甘愿无为，真的是这样吗？你以为陶渊明只写过"采菊东篱下，悠然见南山"吗？他也写过"良才不隐世，江湖多贱贫"的；李白写过"安能摧眉折腰事权贵，使我不得开心颜"，也写过《与韩荆州书》，内容便是请求对方推荐自己。不要相信高手在民间的说法，真正的高手永远是大内高手，在庙堂之上。一名中科大的学生说他发现了相对论的不足，一个民间科学家说他已经成功推翻了相对论，虽然我对物理学一窍不通，但我还是觉得相信前者更靠谱、更理性些。

所以在古代有这么一句话："学会文武艺，货卖帝王家。"

皇帝是最高的统治者，全天下他一人说了算，掌握着最好的资源。因此，你学习好了文学也好，练好了武艺也罢，最终目的都是要贡献给皇帝，替朝廷出力的。由此得到相应的名誉、地位以及赏赐，这艺才算没白学。不能被帝王赏识的，大多一生抑郁，比如贾谊。

那如果皇帝不要呢？别急，还有下句："帝王不用，卖与识家。"

有赏识的人也行，可以为他出力，于是就有了"门客"一词。其中，战国四公子之一的孟尝君就以善养门客而闻名，宁愿舍弃家业也要给予他们丰厚的待遇，而且不分贵贱贫富，只要意气相投皆以礼待之，因此天下贤志之士无不倾心向往。而这些门客在关键时刻也真的发挥了作用。

孟尝君曾被秦昭襄王软禁在馆舍里，秦泾阳君献策说："昭襄王宠爱燕姬，只要贿赂于她，让她在秦王面前求情，就有救。"孟尝君于是找燕姬求情，对方索要他的白狐毛皮袍，但这件袍子已送给了秦王，幸好有一位下等门客，擅长妙手空空之术，深夜里潜入库房，学狗叫骗过守库门吏，把袍子偷了出来，献给燕姬。燕姬履行诺言向秦王求情，使孟尝君得以恢复自由。但他走后不久，秦王后悔，派兵去追。孟尝君一行人此时已来到秦边境函谷关，关口规定要鸡鸣才开关，巧的是下等门客中有人学鸡鸣十分逼真，于是带动其他鸡一起叫了起来，及时地过了边关。孟尝君遂回到齐国，成为齐相。"鸡鸣狗盗"的成语就是来自于此。此时的孟尝君不由感叹："明珠弹雀，不如泥丸；细流纳海，累尘成冈。"正是两位不知名的下等门客救了他，真可谓人才不可估量呀。

那么如果连赏识的人都没有呢？别急，还有下句："识家不用，仗义行侠。"

实在卖不出去了，才去当侠客，路见不平一声吼啊，留得美名天下传啊。总之就是，一定不能白学白练。

本则中夫子的态度很明白，一点儿也不做作。如果有机会，我是不会故弄玄虚、要人三请四请还故作娇羞才出山做官的。"待贾而沽"，说明他随时准备把自己推上治国之位，依靠政权的力量去推行仁政礼乐。相比之下，我要黑一下诸葛亮，卧龙先生到底是毛遂自荐还是被人三顾茅庐的？

按《三国志》的记载，是刘备找的诸葛亮，《出师表》也写得很清楚："先帝不以臣卑鄙，猥自枉屈，三顾臣于草庐之中。"那么以刘备堂堂左将军的身份怎么会三顾茅庐呢？推测起来，可能是这样的：刘备当时闲得很，为刘表守新野，既没多少仗打，也不必到处逃跑。再者，出来混，身边连个像样的谋士都没有，实在说不过去。最后，诸葛亮的同学徐庶给他写了推荐信，说我有个同学能力可以当总裁，但毕业后一直待业在家，谁先捡到就发了。于是有了三顾茅庐。

然而，《魏略》上可是这么说的："刘备屯于樊城。是时曹公方定河北，亮知荆州次当受敌，而刘表性缓，不晓军事。亮乃北行见备，备与亮非旧，又以其年少，以诸生意待之。"注意，是孔明先生北行去见的刘备，而初见时刘备也仅仅是把他当成一般人而已。

那么，你信哪个呢？

红颜如画

子曰："三军可夺帅也，匹夫不可夺志也。"

孔子说："一国军队，可以夺去它的主帅；但一个男子汉，却不能强迫他改变志向。”

“志”这个字，其实并不是“士心为志”。

读研时，一位同学的名字中有“志”这个字，他也以“士心为志”为准则，时时处处、对人对己都不免苛求，生活得很累。后来一位学习古代汉语的同学为他解了困惑，之后的他，快意自适，学有所成。

“志”，篆文写作，承续金文字形，是一个“之”（作动词有“前往”的意思）和一个“心”合起来的会意字，表示心之所向。你心的方向，就是“志”。“匹夫不可夺志”，反映了孔子对于“志”的高度重视，甚至将它与三军之帅相比。人都有自己的独立人格，任何人都无法侵犯。一个真正的男子汉，会坚定地维护自己的尊严，不受威胁和利诱，始终保持自己的志向。

本则是经典名言，但是前边讲了这么多，都是些男人的例子，看多了不免无味。而且谁说女子的心志就不坚定的？古代女子的理想、志向多与爱情相关，那我们就来看看历史上的女子，其风骨的高洁、心志的坚贞，同样令人赞叹。

宋太祖赵匡胤陈桥兵变，黄袍加身，登上了最高统治者的位置。建宋初期，国家并未统一，与之并存的尚有孟昶的后蜀等政权。为统一全国，赵匡胤与谋臣赵普展开一系列谋划，对后蜀发动了战争。后蜀本是小国，在人力、物力等方面都不能和宋相比，很快被击败，后蜀主孟昶及其宠妃花蕊夫人被解往开封。

花蕊夫人本来姓徐，貌美如花，姿态娇美，故称花蕊。她不但美丽，而且聪明伶俐，琴棋书画、歌咏弹唱无所不能。后来，她嫁给了孟昶，并且深受宠爱，如今却遭遇亡国之变。红颜多薄命，古今如一。后来的事，也无非是些老套戏码，都是帝王的常用手段。赵匡胤毒死了孟昶，收花蕊入后宫，只是……一次，赵匡胤问她，你们国家有十几万大军，为什么今天你会到我身边来？也许太祖心中期待的回答是“因为您如何如何英明神武”“这是我们之间的宿世姻缘啊”诸如此类的恭维之词，以便确认自己已经征服了花蕊夫人的芳心。可是，这位妃子却作了一首诗答复他，诗云：“君王城上竖降旗，妾在深宫那得知。十四万人齐解甲，宁无一个是男儿！”

诗中可有一丝逢迎曲婉之态？没有。我的国家的男人不勇烈，我自己的命运我没办法做主，你掠我过来，但我也不爱你赵匡胤。

春秋时期，息侯之妻息妫到蔡国探望其姐，姐夫蔡哀侯对她失仪无理。息侯一怒之下，引楚兵入境，灭了蔡国。成为阶下囚的蔡哀侯嫉恨息侯，在楚文王面前极言息妫美色，楚王闻色心喜，伐息，灭息国，贬息侯为守门小吏，夺息妫为夫人。息夫人为楚王生育了两个儿子。可是，她没有主动对楚王说过一句话。

今日之宠，王以为贵；旧时之恩，妫以为重。

息夫人的结局已不可考，有一种传说是：终于有一天，她趁着文王打猎的机会，逃出宫外，与息侯见面，两人自知破镜难圆，双双殉情自杀，鲜血满地。后人在他们溅血之处遍植桃花，并建桃花夫人庙，楚人便以息夫人为桃花夫人。

岁月的潮汐淹没于沧桑的洪流，无数桃花飞舞飘落。后世诗人为之提笔：“楚宫慵扫黛眉新，只自无言对暮春。千古艰难惟一死，伤心岂独息夫人！”

江南有杨柳、桃花，有燕子、金鱼……汉人中有的是英俊勇武的少年，倜傥潇洒的少年……但这个美丽的姑娘就像古高昌国人那样固执：“那都是很好很好的，可是我偏偏不喜欢。”

这是《白马啸西风》的结尾，写得真好，不是吗？

你权倾天下又怎样？那也不能令一个不爱你的女子爱你。谁说只有男人的志向可贵，女子的心志不也一样不可夺、不可欺吗？

以这样的方式读《论语》，以这样的例子来注释《论语》，也算另类了，愿你们喜欢。

不忮不求

子曰："衣敝缊袍，与衣狐貉者立，而不耻者，其由也与？'不忮不求，何用不臧？'"子路终身诵之。子曰："是道也，何足以臧？"

孔子说："穿着破旧的丝绵袍子与穿着狐貉裘的人站在一起，不觉得惭愧的，大概只有仲由吧！（《诗经》上说：）'不嫉妒，不贪求，为什么不会好？'"子路听后，便老念着这两句诗。孔子又说："仅仅这个样子，怎么能够好呢？"

孔子的话，似乎都不太合乎常情常理。

一般而言，你穿一件普普通通的衣服到一个华丽的场所，和那些西装笔挺的人站在一起，立刻就会感到很不安，仿佛低人一等似的。而那些翩翩公子们，也多半觉得你很低微。有人甚至说，服装定义了一个人。但孔子却以一种赞扬的语调说，能做到这样的，大约只有子路了吧，似乎这是一种很难得的心态。

生活中，常有这样一种心态：佛为一炷香，人为一口气。我不能让人家小看了自己，我的日子一定要过得让人羡慕。别人穿得漂漂亮亮，我也可以；他有车，我为什么不能有？他开公司，我也可以试试，我凭什么过得不如他？我们通常将之形容为要强、有自尊心，或者说是一种上进心，这也没什么不好。但夫子说，你还可以有另一种心态。外表上看，我是不怎么样，穿得破旧，吃得粗糙，可我内心恬淡安适，能真正做到满不在乎，不觉得人家富贵就多了不起，依旧自在超然。

你看这份修养多么了不起。

在古文名篇《送东阳马生序》中，宋濂曾写道，和他同住的太学生们都穿着华美的衣服，带着镶嵌珠宝的帽子，“烨然若神人”。而他却“缊袍敝衣处其间”，用的词和孔子一样，并说自己“略无慕艳意”，自己并不以为怎么样。他就有夫子所说的这种气度。

何必一说起李嘉诚就一脸艳羡，一提到马云就满目的羡慕嫉妒恨，一边骂着富二代、星二代一边恨不得自己也是其中一员；一边怒批着炫富现象一边痛恨着为什么这人不是我。几乎什么都没有的孔子和孟子偏偏就不这么看，“说大人，则藐之”，见到了了不起的人，也看得很平凡、很普通。而这种气度，这种修养，在所有的弟子中，孔子认为大约只有子路做得到。

下面孔子引用《诗经》中的两句诗称赞子路，也告诉了我们为什么子路能够做到，就凭四个字：不忮不求。什么是“不忮”？大略地说就是不嫉妒，心中很坦荡。你地位高，你有钱，但你依然是人，依然逃不过生老病死。而我也是人，我们在这些方面都一样，没有等级之分。对别人不羡慕、不企求，自己心里非常恬淡、平静，如此做人做事，“何用不臧”？有此心理，自然气度高华。气质、修养不是衣饰可以堆积得出来的，同样也不是衣饰可以遮掩得住的。

但最后还有一个转折，因为子路听了老师的夸奖之后就天天在嘴边念叨这两句。只记之于口，而不行之于心，岂不是本末倒置？所以孔子又补刀：“是道也，何足以臧？”

岁寒

子曰："岁寒，然后知松柏之后凋也。"

孔子说："天冷了，才知道松柏是最后落叶的。"

这句话的意思并不难解，类似的表达还有不少：

比如"疾风知劲草，板荡识忠臣"。大风来了，所有的草都倒下去了，这时你才知道那些不倒的劲草在哪里。还有"不经历风雨，怎么见彩虹"，也算传唱很广的励志金句了。

类似的心灵鸡汤就更多了：

是风雨，就勇敢地追逐，用挑战衡量人生的成色；是阳光，就尽情地接纳，用成长舒展生活的底色；是挫败，就无畏地笑对，用坚强浸润命运的本色。

感谢伤害过你的人，是他们让你的人生与众不同；感激为难你的人，因为他磨炼了你的心志；感激绊倒你的人，因为他强化了你的双腿；感激欺骗你的人，因为他增进了你的智慧；感激蔑视你的人，因为他醒觉了你的自尊；感激遗弃你的人，因为他教会了你该独立。

……

然而哪一句有这句这样美？所以鸡汤终究是鸡汤，经典也终究是经典。

那么简洁，那么从容。

四季轮回，春温秋肃，夏花绚烂，冬雪翩翩。天地，寂静无言。只有一个画面：寒窗、苍松、翠柏、远山，和一道平静地凝视着这一切的清澈目光。夫子注目良久后，只是淡淡地说一句：天冷了，才知道原来松柏是最后凋零的。

这种别样表达的意境，大约只有这样一件事可以比拟：

日本名作家夏目漱石在教授英语时，请学生们翻译"I love you"这句话，学生们不假思索地翻译成日语的"我爱你"。夏目漱石摇摇头，说："日本人怎么会说这种话呢？用'今晚月色很好'，就够了。"

夏目漱石的翻译，体现了日本人的含蓄和他的浪漫。含义是，因为有你在，月亮才格外美丽。

因为站在面前的是喜欢的人，看着这个人的时候，心已经止不住地开始加速，嘴唇也在不经意之间上扬。此时此刻，抬头望去，月亮轻洒柔光，映着心上人的面庞。那浅浅的笑容是那么美，头顶的月光仿佛充满了柔情。你，感觉到了吗？

本句毫无悬念地成为日本的爱情名句之一，这就是明治时代的名家情怀，I love you 的文艺译法。

回到刚刚的主题。在孔子这份淡泊从容中，隐隐透着一份不易的勇气、不改初衷的坚贞执着。写下《人间词话》的王国维先生说："以我观物看，物皆着我之色彩。"那么真正坚贞不移的其实不是松柏，只是君子的心而已。

也说相思

"唐棣之华，偏其反而。岂不尔思？室是远而。"子曰："未之思也，夫何远之有？"

（古代有一首诗这样写道）"唐棣的花朵啊，翩翩地摇摆。难道我不想念你吗？只是由于家住得太远了。"孔子说："他还是没有真的想念，如果真的想念，有什么遥远呢？"

上面引用的诗句是逸诗，“逸”的意思是遗落、失传。没有被搜罗到的，《诗经》中没有的诗，便被称为逸诗。和佚名一样的性质。

本则告诉我们，圣人也是了解相思的，不仅了解，还一语中的，一下子就道破了思念的最高境界。什么“一日不见，如隔三秋”啊，“求之不得，辗转反侧”啊，你们这些痴男怨女，都是痴心有余，美感不足。最高境界是想你时你在天边，想你时你在眼前，思念的力量是可以穿透时空阻隔的。

文雅点说，彼时相思，天涯咫尺。但是，慢着，莫忘了语带双关的手法。孔子真正的意思——“夫何远之有？”什么远呢？多半是“仁远乎哉？我欲仁，斯仁至矣”的意思。

仁的境界并不远，只要你努力，就足够了。一语点题。

乡党篇第十

好不容易写完一半，都快写疯了，虽然有些章节很享受。

《乡党》是描述孔子日常生活的，是孔子的生活“花絮”。中间有提到孔子外交时什么态度，对人时什么态度，上班时什么态度，开会时又是什么态度，等等，在现在看来是一场真人秀，文学地说这是生活的艺术。一个人的日常举止是可以体现他的思想与精神的，这便是本篇最大的意义和价值。

谈吃

食不厌精，脍不厌细。

食饐而餲，鱼馁而肉败，不食。色恶，不食。臭恶，不食。失饪，不食。

不时，不食。割不正，不食。不得其酱，不食。

肉虽多，不使胜食气。

唯酒无量，不及乱。

沽酒市脯不食。

不撤姜食，不多食。

粮食不嫌舂得精，鱼和肉不嫌切得细。

粮食陈旧和变味了，鱼和肉腐烂了，都不吃。食物的颜色变了，不吃。气味难闻，不吃。烹调不当，不吃。非时令的东西，不吃。不是按一定方法砍割的肉，不吃。佐料放得不适当，不吃。

席上的肉虽多，但吃的量不超过主食。

只有酒没有限制，但不喝醉。

从市场上买来的肉干和酒，不吃。

吃完了，姜不撤除，但也不多吃。

本则出现频率最高的一个词就是“不食”。孔子这也不吃，那也不吃，似乎很挑剔。我们先不为夫子的行为洗白，先看看他的动机是什么。我们前面学习过“视其所以”的观人方法，现在要学有所用。

说到吃得讲究，夫子还是不如大观园中的诸位佳丽的。

凤姐儿笑道：“这也不难。你把才下来的茄子把皮劗了，只要净肉，切成碎钉子，用鸡油炸了。再用鸡脯子肉并香菌、新笋、蘑菇、五香腐干、各色干果子，俱切成钉子，用鸡汤煨了，拿香油一收，外加糟油一拌，盛在瓷罐子里封严；要吃时拿出来，用炒的鸡瓜一拌就是。”

从上面的描述，不难看出他们为茄子的制作下了多少工夫，难怪刘姥姥都感叹说：“我的佛祖！倒得十来只鸡来配他，怪道这个味儿！”

这道茄子，已经不是本来意义上的茄子了。寻常百姓家更是没有能力烹制出这样的茄子来。而达官贵人们吃的自然也不是茄子，而是奢侈、气派、讲究。这样的动机，自然是不足观的。

怎样吃才健康？现代营养学家总结出了几种健康的饮食习惯，概括来说就是：慢食、素食、早食、淡食、鲜食、洁食、定食、小食、少食。是不是和夫子的做法很像？现在你明白我的意思了，夫子不是挑剔，而是注重身体健康，也就是惜身。惜身的人，自然也爱惜生命、尊重生命，这样的人才谈得上仁心。

不信的话，说几个反例。

春秋五霸之一的齐桓公，晚年非常宠信开方、易牙、竖刁等人。开方原是卫国公子，在齐国侍奉齐桓公，齐距卫只有几天路程，但在长达十几年的时间里，开方从未回国看望自己的父母。齐桓公得知后，认为开方忠诚于自己胜过爱母亲。易牙是一名手艺高超的厨师，因齐桓公戏言从未尝过人肉，便狠心杀死自己四岁的小儿为齐桓公做肉羹。齐桓公一方面不认可他的行为，另一面却又因易牙爱自己胜过爱亲生骨肉而感动。竖刁则为表对齐桓公的忠心，自行阉割，进宫做宦官服侍齐桓公。齐桓公认为竖刁的忠心超过常人，因此对竖刁也十分宠信。

齐桓公虽然是神逻辑，但管仲毕竟没疯，临终前向齐桓公进言，这三个人的行为背离人情，连自己、自己的亲人都不爱的人，根本不可能真正忠于您。遗憾的是，齐桓公并没有相信管仲的话。到后来，三人作乱，把齐桓公囚禁在宫里，断绝了饮食，一代霸主就这样凄凉死去。历史就是如此无情。

爱自己，然后爱亲人，接着推己及人，爱身边的人，最后天下归仁。

老师，吃个饭也能看出这么多东西？你一定是想多了。

这个嘛，来看看商朝著名的纣王。其实纣王最初是一个很不错的君王，天资聪颖，能言善辩，反应极其敏捷，据说还可以徒手跟猛兽搏斗。他本人有如此优异的天赋，朝中还有萁子、比干、微子、商容、梅伯、祖伊等一批出类拔萃的贤臣尽心辅佐，谁都以为他必能功业赫赫、名垂青史。

殷纣王即位不久，命人为他琢一双象牙筷子。贤臣萁子听说后，发表评论："象牙筷子肯定不能配瓦器，要配犀角之碗，白玉之杯。玉杯肯定不能盛野菜粗粮，只能与山珍海味相配。吃了山珍海味就不肯再穿粗葛短衣，住茅草陋屋，而要衣锦绣，乘华车，住高楼。国内满足不了，就要到境外去搜求奇珍异宝。我不禁为他担心。"

而之后的发展证明，箕子是个十分合格的预言家。

所以，我没想多，是你想少了。

我要开动了

虽疏食菜羹，瓜祭，必齐如也。

虽然是糙米饭小菜汤，也一定得先祭一祭，而且祭的时候还一定恭恭敬敬，好像斋戒了的一样。

瓜祭——有些读本作"必祭"，"瓜"恐怕是错字，或者说，这简直是一定的，不然怎么解释？"瓜"字名词活用为动词，表示拿个瓜来祭一下？或者是四川方言，瓜兮兮地祭一下？肯定都不对。所以，应该是"必祭"，就是食前将席上各种食品拿出少许，放在食器之间，祭最初发明饮食的人，《左传》中叫"泛祭"。

这种形式，可以看作是吃饭前的祈祷。

如果常看日本动画或日剧的话，一定会常常听到一个句子：“いただきます。”最常见的翻译是“我开动了”，是他们吃饭前说的话，表示“我要吃了”。

但是也有其他翻译。

日本人十分重视人与人之间的恩惠授受关系，在日语中，授受关系是一个重要的难点。除了直接说“谢谢”之外，日本人也经常通过授受关系的使用来表达说话人的心意。这句话也可以翻译为“真是有获得啊”，阐明了“我在此接受了你的恩惠”这层关系，充分肯定了对方的给予行为，是感恩的表现。

大学时，有个学日语的同学曾告诉我，这句话还有一层意思：“感谢你命延我命。”我以为她骗我，就去查了些资料，发现果然有这种解释。那一刻，心情有些复杂。

不是感谢生产者，也不是感谢烹饪料理的人，而是感谢那些成为食物的生命。

动物就是要吃掉彼此才能延续生命，为了延续自己的生命而需要牺牲其他的生命。对此难道不该心存感谢吗？吃的东西绝不可以浪费，绝不可以亵渎，道理就在这里。动画片《航海王》中关于山治的一个设定我十分喜欢，就是战斗时从不用手，只用腿各种踢。因为他是一名厨师，手是用来处理食物的，很神圣，绝不可以用来杀戮，这是对食物的尊重。

为了延续我的生命，我从动植物那里获取了它们的生命。为了生存，不能不杀，说不杀的，要么是真正有着牺牲精神的圣者，要么就是伪善。但如果为杀而杀，就是可耻的。

要怀着感恩，要怀着敬畏。

他仰视着辽阔的穹苍，缓缓接着道：“老天怕你渴，就给你水喝；

怕你饿，就生出果实粮食让你充饥；怕你冷，就生出棉麻让你御寒。”

他瞪着铁传甲，厉声道：“老天为你做的事可真不少，你为老天做过什么？”

铁传甲怔了怔垂首道：“什么也没有。”

阿飞道：“你的父母养育了你，所费的心血更大，你又为他们做过什么？”

铁传甲头垂得更低。

阿飞道：“你可知道有些话是不能说的，若是说出来就对不起朋友，可是你若就这样死了，又怎么对得起你的父母，怎么对得起老天？”

铁传甲紧握着双拳，掌心已不禁沁出了冷汗。

这少年说的话虽简单，其中却包含着最高深的哲理。铁传甲忽然发现他有时虽显得不大懂事，但思想之尖锐，头脑之清楚，几乎连李寻欢也比不上他。对一些世俗的小事，他也一窍不通，因为他根本不屑去注意那些事。

阿飞一字字道：“人生下来，就是为了要活着，没有人有权自己去送死！”

铁传甲满头大汗涔涔而落，垂首道：“我错了，我错了……”

——节选自古龙《多情剑客无情剑第十二回 同是断肠人》

上半部完，请撒花。

先进篇第十一

那些学生

子曰："从我于陈、蔡者，皆不及门也。"

孔子说："曾跟随我在陈国、蔡国忍饥受饿的学生，现在都不在我身边受教了。"

德行：颜渊，闵子骞，冉伯牛，仲弓。言语：宰我，子贡。政事：冉有，季路。文学：子游，子夏。

德行好的有：颜渊，闵子骞，冉伯牛，仲弓。善于辞令的有：宰我，子贡。擅长政事的有：冉有，季路。通晓文献知识的有：子游，子夏。

陈国和蔡国都是周朝封地，公元前 497 年，孔子五十五岁，开始了长达十四年的周游历程。

第一站到达卫国。卫灵公起初还不错，很器重孔夫子。后来听信谗言，派人监视孔子，孔子于是离开。六十岁耳顺之年时，孔子经过郑国到陈国，在郑国都城与弟子失散，便独自在东门等候弟子来寻，被路人形容为“累累若丧家之犬”。孔子听了不但不生气，反欣然笑曰：“然哉！然哉！”

六十三岁时，在陈、蔡之间，孔子师徒被围困，绝粮多日，许多弟子因饿而病，唯有孔子讲诵不停，弦歌不止。后被楚人相救，到达楚国。楚君欲重用孔子，并欲封五百里地给孔子，但遭到大臣们的反对，于是孔子只好离楚返卫。

被困在陈、蔡之间的这段经历，大约是周游列国期间最危险、最艰辛的经历之一了。但这个时候，弟子们依然不离不弃。跟随孔子的有颜回、子贡、子路等多人，并且最后还是子贡去楚国求救，楚昭王派兵来接孔子，一行人才脱了险。

可是现在，他们都不在身边了。回忆起那些过往的岁月，有感慨，有惋惜，也有留恋，万般情感皆在心头。

冉有在季孙家做家宰；子贡也离开了；子游、子夏已经有了自己的弟子，开始独立教授了；颜渊、冉伯牛，他们去世了；子路，也在卫国的政变中遇害。

孔子时常想念他们。

他为他们做了一个总评，这个评语，也就是后世所说的孔门“四科十哲”，这十哲是孔子的学生中最优秀的十个人。孟子曾说过：“君子有三乐，而王天下者不与存焉。父母俱存，兄弟无故，一乐也；仰不愧于天，俯不怍于人，二乐也；得天下英才而教育之，三乐也。君子有三乐，而王天下者不与存焉。”

能够有这样的学生，怎么会不想念？

我还记得我带的第一届学生。在高考前的一个月，他们记录下每天的生活：

刘老师上课发飙，全班重做周考试卷。

生物课廖老师暴走。

某君英语课上回答问题五道对了一道，全班报以热烈掌声，庆祝他在英语上的进步。

早上就停电，黑灯瞎火还化学周考，王八蛋！

高考报名之测长相，等了一天都没等到我们班，还期待颜值爆表呢。

最后一次体育课，拔河，15 班完虐 16 班，然后被 14 班秒了。

突击检查收缴课外书，总结出女生寝室的递推式生活：224——《霸道总裁爱上我》，225——《结婚再恋爱》，226——《股市操练大全》《房地产营销 19 讲》。

物理课疯狂发！卷！子！

高考倒计时。

高中最后一次换座位，过程之曲折成了高中之最。

二模，评讲二模。

老班发红牛，寓意我要牛。

三模，评讲三模。

四模，评讲四模。

日子一天比一天紧张，每个人都在为分数努力忙碌着、疲惫着。

五模，评讲五模。

就让我们的记录静止在这一天吧，今后的每一天，注定是难忘的，即使我们不记下来，你们也不会忘记，再见！

学校上午物理课广播考前心理辅导。

最后一次英语早读。

最后一次语文早读。

考前最后一课，忍住没哭。

布置考场。

熟悉考场，等待考试。

读了十二年的书，就为了这两天。

不管是曾经的针锋相对，还是情谊深厚，都即将成为过往云烟。愿十年后、二十年后，你翻看这些时，还可以带着微笑调侃道：这个人当年我最看不惯了，也不知道他如今过得好不好，还真挺想他的。

要谢谢时光，谢谢命运，谢谢所有让我欢乐或痛苦的人或事。

黄昏无霞，何以为黄昏；青春无你，何以为青春。

那些学生，那些故事，就这样都溜走了。

孔子真的，很想他们吧。

说玉

南容三复白圭，孔子以其兄之子妻之。

南容反复诵读“白圭之玷，尚可磨也；斯言之玷，不可为也”的诗句，孔子把侄女嫁给了他。

白圭就是一块白玉，是在祭祀、宴飨等活动中使用的器具。使用的规格有严格的限制，用以表明使用者的地位、身份、权力。南容所诵的几句诗出自《诗经·大雅·抑》，他读到这几句诗的时候，非常欣赏，于是一而再，再而三地朗诵。孔子听到后，就把侄女嫁给了他。如果真是这样简单，如今就不会有剩男剩女的问题了。

也有解释说，诗的意思是白玉被玷污了，还可以把它磨去，而说错了的话，则无法挽回。借以告诫人们言语上要谨慎。孔子把自己的侄女嫁给了南容，表明他很欣赏南容的慎言。这样的解释不无道理，但一个人仅仅懂得慎言，就值得托付终身吗？夫子还是轻率了些。

古汉字中，"玉"字原为"王"字。帝制出现后，帝王的"王"与"玉"为同形字，为了区别开来，便在"王"字旁加点作"玉"。古人之所以重玉，是有其原因的，并不仅仅因为它稀少珍贵。他们认为玉有五种品德：温和滋润，具有光泽，表明玉善施恩泽，富有仁爱之心；有较高的透明度，从外部可以看到其内部的纹理，表里如一，表明玉之正义；如果敲击玉石，会发出清亮、悠扬、悦耳的声音，并能传到很远的地方，表明玉具有智慧，并传达给四周的人；具有极高的韧性和硬度，表明玉具有超人的勇气；有断口但边缘却不锋利，表明玉自身廉洁、自我约束却并不伤害他人。

自古以来，儒士们便遵守"君子比德如玉""君子无故，玉不去身""言念君子，温其如玉。故君子贵之也""君子必佩玉"等传统观念。传说佩玉者如果将要受伤，则所佩的玉会先代人受伤。玉碎了，人就可以免于损伤。另有说，君王无德，不可陪葬玉器。

玉一直是洁白美好、高雅华贵的象征。含玉的词多为褒义词，如赞美女人的词有玉女、玉人、玉容等；称赞住处的有玉府、玉堂、玉房、玉楼等；对月亮的雅称有玉兔、玉宫、玉蟾等；对衣食的赞词有玉衣、玉帛、玉冠、玉食等；称人之情操高雅为“冰清玉洁”；称人之坚守美德为“宁为玉碎、不为瓦全”……

所以孔子嫁侄女的真正原因，你知道了吧。

如何忘情

颜渊死。子曰：“噫！天丧予！天丧予！”

颜渊死了，孔子说：“啊！是老天爷要我的命呀！是老天爷真要我的命呀！”

颜渊死，子哭之恸。从者曰：“子恸矣！”曰：“有恸乎？非夫人之为恸而谁为？”

颜渊死了，孔子哭得极其悲痛。跟随孔子的人说：“您悲痛过度了！”孔子说：“是悲伤过度了吗？我不为这个人悲伤过度，还为谁呢？”

《晋书》中记载了这样一件事：“衍尝丧幼子，山简吊之。衍悲不自胜，简曰：‘孩抱中物，何至于此！’衍曰：‘圣人忘情，最下者不及于情。然则情之所钟，正在我辈。’简服其言，更为之恸。”王衍的小儿子王绥死了，山简前去吊唁，王衍悲痛得不能控制自己。山简对他说：“孩子岁数不大，你何必这么悲伤？”王衍说：“圣人对世俗之情超然处之；最底层的下人不懂感情；专注钟情的人，正是我们啊。”山简细细思索他的话，不觉悲从中来，更为之悲伤。

颜渊走的时候，夫子已经七十岁了，早已知天命。他自己说，七十可以“从心所欲不逾矩”了，这是多么高的境界。夫子应该已经看开了生死，早已忘情了吧。

我们知道，写《逍遥游》的庄子，他的妻子死了，他是唱歌的。老朋友惠子前去凭吊，却看到庄子双腿伸开像个簸箕那样坐在地上，正敲着盆唱歌。惠子看不过去，对庄子说："人家与你一起过了这么多年，为你生养了儿孙，现在老死了，你不哭也就罢了，却还敲着盆唱歌，不是太过分了吗？"庄子回了一番大道理给他，老实说到现在我也没理解那番话到底是什么意思，简而言之就是，生死都是气息的变化聚散而已，通达的人是不会哭的。

庄子也许是真的得了逍遥吧，但是，同样是圣人的孔子会哭，而且哭到不能自已。

我喜欢这样的孔子。

颜回十三岁入孔子门下，天生聪颖，聪明过人的学长子贡面对颜回也自叹不如。聪明人通常都有傲气，比如杨修，比如祢衡，所以这两个人下场都不好。颜回有着"闻一知十"的天赋，为人却没有丝毫傲气，对老师异常尊敬，对同学十分谦虚。他沉默寡言，极少显露才智，甚至表面上看起来有点木讷。孔子曾评论说，我终日和颜回讲学，他从不提反对意见和疑问，好像很愚笨。等他回去自己研究，却能引申发挥，可见颜回并不愚钝。

自追随孔子后，颜回对孔子始终不离不弃。相传少正卯在鲁国办学时同孔子竞争，把孔子的许多门人吸引过去，以致"孔子之门，三盈三虚"，但"惟颜渊不去"。

他从不夸耀自己的才能，从不以劳苦之事强加于别人身上。虽然生活贫穷，家徒四壁，却安贫乐道，无意富贵。孔子见他这样，忍不住说出了有名的赞语："贤哉，回也！一箪食，一瓢饮，在陋巷，人不堪其忧，回也不改其乐。贤哉，回也！”

可惜颜回到二十九岁已头发尽白，才四十岁就英年早逝。

《论语》中没有记载孔子在父母及儿子孔鲤去世时的情感表现，却记载了他在弟子颜渊死的时候的悲恸欲绝。为什么会表现出这样的极端情感？因为他们之间，亦师亦友、亦父亦子、亦兄亦弟，是生命相通、心灵相通的朋友。而且，孔子一生的努力，对学问的探寻、对文化的继承和发扬都准备托付给颜回，他是自己最好的传人。断绝了这些，能不悲恸吗？

但是当其他门人弟子请求厚葬颜回时，孔子却表示反对。弟子们不听他的劝阻厚葬了颜回后，孔子反而于心不安，像自己犯了过错一样，在颜回的灵柩前忏悔着：“颜回呀，你把我当父亲一样看待，可是我却不能像对儿子一样对待你。这不是我的意思啊，这是那些学生要这样做的。”

为什么厚葬颜回，孔子反而觉得对不起他呢？

有一次颜回与子路陪侍在孔子身边时，孔子曾问他们有什么追求。颜回说：“愿无伐善，无施劳。”既不夸耀自己的长处，也不夸耀自己的功劳，平平淡淡就好。颜回的一生是安贫乐道的，他还会在乎自己死后葬的是棺还是椁吗？也许，孔子觉得这一切都违背了颜回的本意，或者让颜回的人格蒙羞。似乎其他弟子，包括颜回的父亲，都不能理解颜回。唯一能理解颜回的人，只有他的老师孔子。

也有人评论说，夫子这样子失态是不对的。因为人死不能复生，无论你多么悲伤，都是没有用的。你的一生都恪守“礼”字，如今却逾礼而行，可惜啊。

眼泪对于命运是无用的，悲痛也是无用的，挣扎是无用的，后悔是无用的，这些道理我都知道啊。对于宇宙来说，我们是星星诞生时的尘埃，是蜉蝣，渺小得不值一提。生命有尽头，时间无止境，在这样无情的对比下，喜怒哀乐都微不足道起来，何必悲伤？

这些道理，我都知道啊。

知道人生总是有磨难，没有人会常伴左右；爱情不是只有快乐，也会有痛苦相伴；亲人总是会离别。知道有些事即使再怎样努力也没有用。

那么你知道小林一茶吗？他是江户时期的俳人，一生坎坷，对于生命的逝去，他知道眼泪是无用的，世事是短暂的，这些，他都知道。夫子也一定是知道的。

然后小林一茶写下：

我知道这世界，
本如露水般短暂。
然而——
然而——

领取而今现在

季路问事鬼神。子曰："未能事人，焉能事鬼？"曰："敢问死。"曰："未知生，焉知死？"

季路问怎样去侍奉鬼神。孔子说："没能侍奉好人，怎么能侍奉鬼呢？"季路又说："我大胆地请问死是怎么回事。"（孔子回答）说："还不知道活着的道理，怎么能知道死呢？"

这一则我尤其喜欢"未知生，焉知死"一句。

先宕开一笔。

在坐出租车的时候，曾遇到过这样一个司机，他刚刚拉过一个客人，我上去后，他便和我聊天。他说刚刚那个人在研究所工作，懂得科学。他说自己对外星人、平行宇宙、多维空间的事情十分着迷，没事的时候就喜欢想这些，可没有人能够与之聊天。刚刚和那个人聊得十分畅快，对方不断称赞他，说一个出租车司机居然有这样的思想，真是不容易。

下车后，我想到的却是：满天星斗下，他回到家，看见熟睡的妻子儿女，应该会涌起一份温馨吧？会觉得一整天的辛苦都是值得的吧？能带给我们温暖与力量的，是当下生活，而不是玄奥神奇的理论。一张全家福和一个方程式，哪一个更有价值？

相较于西方文明，我们似乎很没想象力，没有什么理论上的创见，也缺少宗教信仰，在大部分人心中，上帝和佛祖差不多，谁保佑我我就信谁。那是因为我们的先哲们，思考的是这尘世的人生，到最后，还是如何生活最重要。

夫子回答得多么好，并没有否定什么，只是说，你要先生活好，生活本身的意义就很重大，你未必真的理解。现在很多人整天要锻炼、要减肥，去办理昂贵的健身卡，要旅游、要过品质生活，可是每天余下的时间却不知道该怎么打发，于是打麻将，摆龙门阵……日子就这样过去了，这真的是在享受生活吗？这些人真的懂生活吗？

未知生，焉知死？

不要许诺我彼岸的繁华，我只珍视这尘世的幸福。不要耿耿于过往的悔恨，我只想享受现在的坦诚。

日日深杯酒满，朝朝小圃花开。自歌自舞自开怀，且喜无拘无碍。

青史几番春梦，红尘多少奇才。不须计较与安排，领取而今现在。

活在当下，就在此时、此地、此身、此刻。

反差萌

子曰：“由之瑟奚为于丘之门？”门人不敬子路。子曰：“由也升堂矣，未入于室也。”

孔子说：“仲由弹瑟，为什么在我这里弹呢？”孔子的学生们因此都不尊敬子路。孔子便说：“仲由嘛，他在学习上已经达到升堂的程度了，只是还没有入室罢了。”

瑟是一种很哀怨的乐器，有诗为证：“潇湘何事等闲回，水碧沙明两岸苔。二十五弦弹夜月，不胜清怨却飞来。”

诗咏的是归雁。雁是候鸟，深秋飞到南方过冬，春暖又飞回北方。古人认为鸿雁南飞不过衡阳，衡阳以北正是潇湘一带。诗歌两句一问，两句一答，想象力非凡。诗人问：潇湘水碧沙明，风景秀丽，食物丰美，你为什么离开这么好的地方，要回到北方来呢？雁回答：风景秀丽，食物丰美，本来可以常住下去的。可是，湘灵在月夜鼓瑟，从那二十五弦上弹出的音调，实在太凄清、太哀怨了！我承受不住，只好飞回北方。

传说瑟本有五十弦，神女弹起来后，人们听了悲不能止，于是天帝去其一半弦，剩二十五弦。结果还是这样哀怨。子路是个猛人，不学铜琵琶、铁绰板，却突然学起这门乐器来了，难道是想改风格，走铁汉柔情路线？其实也不必意外，张飞也是个粗中有细的人，猛将蒙恬还是毛笔的发明者呢。

估计是这种反差萌让孔子觉得很好玩，于是说了句半开玩笑的话：你这是圣人门前卖字画啊，不知道你老师我音乐造诣很高吗？三月不知肉味的痴迷程度那说的就是我啊，为什么在我面前弹呢？言外之意是弹得不太好。

同学们也有意思，一听到老师鄙视谁，就一起鄙视他，群众的心理果然是盲从的。孔子看到同学们的这个反应之后忙改口，说子路鼓瑟的成就，已经进入了厅堂，只不过还没有进入内室而已。“登堂入室”的典故，就是从这里来的。堂是正厅，室是内室，用以形容学习程度的深浅。

寥寥数字，却微澜起伏，颇有趣味，笔力不俗。

子路子路

子路问：“闻斯行诸？”子曰：“有父兄在，如之何其闻斯行之？”

冉有问：“闻斯行诸？”子曰：“闻斯行之。”

公西华曰：“由也问闻斯行诸，子曰，‘有父兄在’；求也问闻斯行诸，子曰，‘闻斯行之’。赤也惑，敢问。”子曰：“求也退，故进之；由也兼人，故退之。”

子路问：“听到了就行动起来吗？”孔子说：“有父兄在，怎么能听到就行动起来呢？”

冉有问：“听到了就行动起来吗？”孔子说：“听到了就行动起来。”

公西华说：“仲由问‘听到了就行动起来吗’，您回答说‘有父兄健在’；冉求问‘听到了就行动起来吗’，您回答‘听到了就行动起来’。我有些不明白，大胆来问问。”孔子说：“冉求总是退缩，所以我鼓励他；仲由好勇过人，所以我约束他。”

这一段通常被认为最生动、充分地体现了孔子因材施教的思想。这没什么不对。

面对同一个问题，孔子的回答总是因人而异，缺什么补什么。内向的就鼓励他开朗点，自我感觉良好的就打击他一下，没自信的就多赞扬，木讷的就玩套路。总之，作为老师，孔子熟悉每一个学生的个性特点，并根据每个人的不同特点而给予恰当的点拨和指导，这就是因材施教。

夫子做事从不拘泥，因人、因时、因事、因地而变，这便是智慧。

但我却想多说一些。

孔子曾说过一句评论子路命运的话：“若由也，不得其死然。”那时几个弟子都在孔子身边，也许是正在上课，也许是师生间的闲聊，每个学生的表情都很丰富，生动活泼。而孔子亲切随和，雍容典雅，一派师长之风，心中很快乐，就随口说了上面那句话，然而却一语成谶，道出了子路未来的命运。

我想孔子一定早就很担心，担心终有一天会失去子路。他正直，又勇敢，不避危难，而那样一个时代，危难是不会少的。所以夫子才总是批评他，不可以太过勇武。我不知道夫子说这话时的心情，是感叹？是痛惜？还是明知道性格决定命运，而自己却改变不了的无奈？所以孔子在这里警告他，你有亲人，先要对他们负责，然后才可以为理想奋斗。

子路见孔子的方式便与其他弟子不同，据记载：“子路性鄙，好勇力，志伉直，冠雄鸡（雄鸡、野猪皆好斗，古时以冠带象其形，表示好勇），佩豭豚，陵暴孔子。孔子设礼稍诱子路。子路后儒服委质，因门人请为弟子。”

透过这几句简略的记载，仿佛可以看到一幅画面：子路一副嚣张的武夫打扮，戴着雄鸡冠，佩着野公猪獠牙，估计是准备羞辱啰啰唆唆的孔子一番，所以用“陵暴”这个词。但在孔子彬彬有礼的接待下，他心悦诚服，然后穿上儒服，拜入孔子门下，成为弟子。

他的死，主要是因为蒯聩之乱。这个事件牵涉的人比较多，也比较复杂，就不详述了。我们只需要知道，这件事是国君的家事，管不管都可以，子路完全可以不参与进来。当他往城中去时，恰好遇见孔子的另一个弟子——子羔，他告诉子路，形势已定，出公都已逃跑了，你可以回去，不要进城白白送死。

子路的回答是："食其食者不避难。"

本来可以避免的牺牲，且没有任何道义上的责任，子路还是义无反顾地进城了。蒯聩派两名训练有素的武士来攻击子路，子路以一敌二，系冠的缨被对方的刀剑击断，子路本来应当不顾，而以保护性命为主，可是他说，君子死不免冠，于是用手结缨，被敌人杀死。读到这里，你的第一反应也许是这个人好傻，但思考过后，你会发现笑他傻的你好傻。你以为他不整理衣冠多杀几个人就能逃过一劫吗？当然不能，深陷重围，已知道必死，若怕死，投降求饶是最好的选择，可子路没有，他的做法告诉世人，自己即便是死，也要恪守君子的原则、做人的原则。死亡可以夺取我的生命，但不能夺取我做人的操守，这是多么悲壮又刚烈的行为！

如果时至今日，我们还有这种勇烈，或许许多事都会不一样。

孔子听说卫国发生内乱，马上说："嗟乎，由死矣！"之前的预言到底还是变成现实了。他看子羔回来，脸色都发白，因为深知子羔不是贪生怕死的人，若他都回来了，那就表示卫国的情势真的很糟。"柴也其来，由也死矣。"

子路就真的死了。

《礼记》提到孔子哭子路于中庭，为何要提及这段？因为孔子又一次失礼了，而且他不可能不知道这是失礼的，他在大庭广众下这样哭泣，是真的悲伤。一个一辈子相信礼并且内化礼的人，却到七十多岁还没办法控制自己的悲伤。

夫子会不会想起自己对子路说乘桴浮于海，大概只有他还会跟随自己时，子路那得意的样子？会不会想起笑他弹瑟的样子？还有见过南子之后，对子路发誓的情景？会不会想起第一次见到子路时，他那冠雄鸡、佩豭豚的好笑样子？

每次读到这一则，我不会想起因材施教，却常常想哭。

每个人的理想国

子路、曾皙、冉有、公西华侍坐。

子曰：“以吾一日长乎尔，毋吾以也。居则曰：‘不吾知也！’如或知尔，则何以哉？”

子路率尔而对曰：“千乘之国，摄乎大国之间，加之以师旅，因之以饥馑；由也为之，比及三年，可使有勇，且知方也。”

夫子哂之。

“求，尔何如？”

对曰：“方六七十，如五六十，求也为之，比及三年，可使足民。如其礼乐，以俟君子。”

“赤，尔何如？”

对曰：“非曰能之，愿学焉。宗庙之事，如会同，端章甫，愿为小相焉。”

“点，尔何如？”

鼓瑟希，铿尔，舍瑟而作，对曰：“异乎三子者之撰。”

子曰：“何伤乎？亦各言其志也。”

曰：“莫春者，春服既成，冠者五六人，童子六七人，浴乎沂，风乎舞雩，

咏而归。”

夫子喟然叹曰：“吾与点也！”

三子者出，曾皙后。曾皙曰：“夫三子者之言何如？”

子曰：“亦各言其志也已矣。”

曰：“夫子何哂由也？”

曰：“为国以礼，其言不让，是故哂之。”

“唯求则非邦也与？”

“安见方六七十如五六十而非邦也者？”

“唯赤则非邦也与？”

“宗庙会同，非诸侯而何？赤也为之小，孰能为之大？”

子路、曾皙、冉有、公西华四个人陪孔子坐着。

孔子说：“我年龄比你们大一些，不要因为我年长而不敢说。你们平时总说：‘没有人了解我呀！’假如有人了解你们，那你们要怎样去做呢？”

子路赶忙回答：“一个拥有一千辆兵车的国家，夹在大国中间，常常受到别的国家侵犯，加上国内又闹饥荒。让我去治理，只要三年，就可以使人们勇敢善战，而且懂得礼仪。”

孔子听了，微微一笑。

孔子又问：“冉求，你怎么样呢？”

冉求答道：“国土有六七十里或五六十里见方的国家，让我去治理，三年以后，就可以使百姓饱暖。至于这个国家的礼乐教化，就要等君子来施行了。”

孔子又问：“公西赤，你怎么样？”

公西赤答道：“我不敢说能做到，而是愿意学习。在宗庙祭祀的活动中，或者在同别国的盟会中，我愿意穿着礼服，戴着礼帽，做一个小小的赞礼人。”

孔子又问：“曾点，你怎么样呢？”

这时曾点弹瑟的声音逐渐放慢，接着“铿”的一声，离开瑟站起来，回答说：“我想的和他们三位说的不一样。”

孔子说：“那有什么关系呢？也就是各人讲自己的志向而已。”

曾皙说：“暮春三月，已经穿上了春天的衣服，我和五六位成年人，六七个少年，去沂河里洗洗澡，在舞雩台上吹吹风，一路唱着歌走回来。”

孔子长叹一声说：“我是赞成曾皙的想法的。”

子路、冉有、公西华三个人都出去了，曾皙后走。他问孔子说：“他们三人的话怎么样？”

孔子说：“也就是各自谈谈自己的志向罢了。”

曾皙说：“夫子为什么要笑仲由呢？”

孔子说：“治理国家要讲礼让，可是他说话一点儿也不谦让，所以我笑他。”

曾皙又问：“难道冉求讲的不是治理国家吗？”

孔子说：“哪里见得六七十里或五六十里见方的地方就不是国家呢？”

曾皙又问：“公西赤讲的不是治理国家吗？”

孔子说：“宗庙祭祀和诸侯会盟，这不是诸侯的事又是什么？像赤这样的人如果只能做一个小相，那谁又能做大相呢？”

我们在小学作文中都谈过理想，而且多半都是想当个科学家。只不过长大后，都义无反顾地背叛了理想。初高中时候，大家多半也和老师在办公室亲切友善地交流过理想问题。

看看人家夫子，和学生们谈得多么亲切脱俗，文字又多么生动简练。开篇简洁明了，一语点题。“侍坐”，是过去的礼貌，学生、晚辈在老师、长辈面前，不敢随便就座，只有站在旁边。这天，孔门的四个高才生都站在孔子身边。

“居则曰”中，“则”是一个虚词，可翻译成“就、总”，传达出一种语气：你们啊，好像有点不满，动不动就说没人了解你们。我不是说过，不患不己知，患不知人也吗？那么今天，来说说吧。抱怨中透着理解，不是批评，而是一种带着责备的慈爱。你看，这个虚词用得多好。

子路的个性，我们已经了解了，所以一个词就塑造了他的形象。“率尔”，白描手法，子路的冲动、着急、豪气就跃然纸上。他说的内容可以概括为：一个处于内忧外患之际的大国，又有地缘政治的隐患，这样一个乱摊子，如果交到我子路的手上来，我只要花三年的时间去治理，就可以搞定。但我们知道，即便是管仲，也不敢说这个话。礼仪在人民富足之后才有可能兴起，而富足又要先安定，所以要达到子路说的结果，至少也是三步乃可，而每一步，恐怕都不止三年吧。

所以夫子哂笑，意思嘛，你懂的。

冉求则很谦虚，他说若把方圆六七十里的一个小小的国家交给我，或者更小一点，让我来治理，花上三年的时间，我可以使这个国家社会繁荣，人民进入小康的境界，这是我可以做得到的。“如其礼乐，以俟君子。”至于精神文明建设这种重大艰巨的事情，还是等真正的君子来好了。

礼仪文化的建设，路漫漫且艰苦，非有远见卓识者不能为。以写小说为例，平素很看不起那些虽然畅销，读来却很烂俗的言情啊、武侠啊等作品，但等自己动笔写一部小说时，才知道也不容易，有时竟写不出来。所以不要轻看了小说，有许多人都是眼高手低，随便批评别人的作品，自己却写不出来。文学尚如此，何况文化。冉求固然谦逊，说的却也是实话。

公西华，孔子说他可以"束带立于朝，可使与宾客言也"。说明他是个外交人才，衣冠整齐，仪容端肃，应对之间很得体。他在这里表现的也全然是一派外交官的风度，语言庄重典雅，一开口就显得与众不同。他先说自己不行，这是外交用语，表示谦虚、礼貌，并不是真的没才能。后边就用借代的修辞说话。"宗庙之事"，代指国家；"端章甫"，礼服礼帽，代指礼仪。

"点，你呢？"夫子这一问，一直在捣鼓背景音乐的曾点出场了，适才他一直在旁边悠闲地鼓瑟。这倒很像现代的一种表演形式，即兴演奏，现场表演，以为点睛。听到老师发问，曾点没有立刻回话，而是瑟音渐稀，接着，弹瑟的手指在弦上一按，铿然有声，曲子终结，然后才说话，这气度多潇洒。王阳明就有两句名诗评论这里："铿然舍瑟春风里，点也虽狂得我情。"他认为曾点是有狂气的，他很欣赏。

"浴乎沂，风乎舞雩，咏而归"是他的回答，这个景象看起来多么平凡！虽然平凡，可是孔子听了以后却感叹说，我就希望和你一样啊。为什么呢？因为这个理想，初视之，不过平平尔，然深思之，不禁怅然，几人可得为也？

这是真正的太平盛世，是桃源、是理想世界的气象，唯有用这如诗一般的文字才能够表现。

为什么这样说？我们以诗歌为例。有这样的讨论：什么是诗之富贵语？堆满锦绣珠玉的句子算不算？答案是不算，这并不是真富贵。

宋代的诗话中记载过这样一个故事：有一暴发户叫李庆孙，有了钱很得意，怎么和周围人炫耀一下呢？他找人作了一首夸耀的曲子，名字也起得很直接，叫《富贵曲》。里头有两句是这样的："轴装曲谱金书字，树记花名玉篆牌。"说他家写字都用金子，牌子都是用玉做的，够有钱了吧？他自己觉着这大概是有钱的极致了。可人家真正的贵族晏殊不给面子，说这是"乞儿相"，真正的富贵人家，不是靠那些金啊玉啊的东西体现出来的，而是一种气象。"楼台侧畔杨花过，帘幕中间燕子飞""梨花院落溶溶月，柳絮池塘淡淡风"这种闲适的景象，若不是有钱、有闲、有文化，能有吗？就算有，能欣赏得了吗？

所以有句话说，三代出贵族。气质这个东西，不是钱能捧得出来的。

不说金玉锦绣，只说气象。曾点的话，也是同样的意思，虽只有寥寥数语，描绘的却是太平盛世的气象、意境。

到这里，孔子与学生的一番探讨可以说进入了最高潮，师生之间，说出了完美人生的憧憬。

写到这里，已是深夜，宝宝睡得很香，偶尔还嘟嘟小嘴，不知梦里又在吃什么好东西了。我忽然想，我最初的理想是什么呢？我希望成为一个怎样的人？可我发觉，我早已经不记得了。

现在的我，只是希望家人都喜乐平安，我的全部努力，都是为此。

愿每个人，都不要失去心中的理想国。

颜渊篇第十二

己所不欲

仲弓问仁。子曰："出门如见大宾，使民如承大祭。己所不欲，勿施于人。在邦无怨，在家无怨。"

仲弓曰："雍虽不敏，请事斯语矣！"

仲弓问怎样做才是仁。孔子说："出门办事如同去接待贵宾，使唤百姓如同去进行重大的祭祀（都要认真严肃）。自己不愿意要的，不要强加于别人。做到在诸侯的朝廷上工作不怨恨，在卿大夫的封地工作也不怨恨。"

仲弓说："我虽然笨，也要照您的话去做。"

如果评选《论语》十大金句，这句肯定要入前三名。这句话在这里，我们仍然要注意孔子的使用原则——因材施教，因人而发。

大家还记得吧，仲弓就是冉雍，孔子认为他可以"南面"，往小了说是地方长官，往大了说就是君临天下。但冉雍的父亲是地位卑贱的人，贱而恶，故孔子有"犁牛之子骍且角，虽欲无用，山川其舍诸"之说。因为他可以南面，或者说，早晚会南面的，所以给他的回答就很有针对性，别有味道了。

他告诉仲弓说："出门如见大宾。"出门看到任何一个人，都如同看到贵宾那样，要礼貌、诚恳，尊重任何一个人。普通人当然不必如此，但作为一个领袖，就应该如此。千万不要以为自己是高官，便高人一等，拿起架子、端起官腔来，这是很令人反感的。尤其对那些从前认识你的人，你平时是很随和亲切的，做了官，便拿腔作势起来，他们会觉得你这个人表里不一，从心底里不服你。

"使民如承大祭。"进行重大的祭祀时，那一定是要谨慎恭敬的，对人民，便要如此爱护尊重。有一次孔子退朝，得知马厩被烧，开口便问："伤人否？"而通常我们的反应则是问："伤马否？"孔子仁心，贵人贱畜，是以如此。

引一段《神雕侠侣》中的描述："郭靖眼见北方红火越冲越高，担心起来，向樊一翁道：'出手的诸位豪杰能全身而退吗？可须咱们前去接应？'樊一翁心道：'郭大侠不问战果，先问将士安危，果然是仁义过人。'"这里便是暗用此典故。

这两个比喻，说的都是敬事，而下面一句，则说爱人。

“己所不欲，勿施于人。”自己所不愿意的事情，也站在别人的角度想想。自己不愿意的，便都推给人家，宽泛地说，这是人之常情，虽不对也情有可原。不过假使你是长官，是领导，那就不同了。因为你的“不欲”和“所欲”，你都可以利用手中的权力来推行或满足，这样，你的一举一动，都关乎你的治下之民，影响到民计民生。比如你贪财，就会加重赋税，于是天下的百姓就都要遭受你这个欲望所带来的苦难。如果你好色，那就更不得了了。

比如晋武帝。他继承司马懿、司马师、司马昭三代基业称帝，尽管也有建树，但本身并非雄才大略的英武之君。关于他的好色，历史上有详细记载，我们只说一个超牛的举动——禁天下嫁娶。

即位之初的晋武帝很怕老婆，他的老婆也是有名的大美女，由父亲司马昭亲自选定，叫杨艳，字琼之，才貌俱佳。少女时有人为她看相，说她乃是“极贵”的后妃之相。司马昭当时还是曹魏的大臣，听到这个消息之后，便上门去求亲。司马炎即位后，杨艳便是皇后。史载杨皇后“性狭隘”，气量很小，司马炎的好色空间也就被控制到了最小点。直到泰始九年，杨皇后病重，司马炎终于解放了。

解放以后，司马炎即下诏“禁天下嫁娶”，天下人谁都不准结婚，待他开展大规模选美活动，挑尽天下美女后才能谈婚论嫁。这是历史上的一次创举。皇帝选美一直都有，但是要天下老百姓先不结婚，可谓绝无仅有。经过一番挑选，他选取了数千佳丽，包括已定婚约的，一下子为后宫增加美女五千余人。又过了几年，晋军伐吴成功，晋武帝听说江南的美女与北方不同，特别是吴越之地的美女，均娇柔美艳。于是次年又命人选吴宫佳丽五千人，充入洛阳宫中。据说当时都城洛阳的街头美女如云，并不是夸张。

当时的宫殿太小，住不下这么多美女，于是晋武帝便命人日夜施工加盖宫殿，终于把这么多美女都安置下来了。于是，晋武帝就开始了人生的“大好时光”。

这就是皇帝用权力满足自己欲望的结果。如果懂得己所不欲的道理，那么你就该想想，如果你是一个女子（用现代话说，即换位思考，设身处地为对方着想），你愿不愿意遭受这样的命运：

纱窗日落渐黄昏，金屋无人见泪痕。

寂寞空庭春欲晚，梨花满地不开门。

如果你不愿，就不要让天下女子遭受这样的命运，也就不会有“禁天下嫁娶”这样的荒唐行为了。

最后一句说的便是份平常心了。学者历来对这个“家”字有不同注解，有人认为是“大夫曰家”，正好与“邦”相对，意在告诫仲弓，无论任职于诸侯之朝堂，还是身为卿大夫之家臣，都应毫无怨言，尽职尽责。另有人认为这种对比格局未免狭窄，夫子说的应是无论在朝还是在野，都不生怨怼之情。身处朝堂之上，事务繁杂，责任深重，又易卷入政治纷争，或许还会被猜疑、嫉恨，要不怨，保持平常心，不可谓不难；身处乡野之中，一身才情无用武之地，满腔热血无挥洒之所，也难免感到怀才不遇，怨世上竟无伯乐。

人都有得失之心，我们常把平常心挂在嘴边，但生活在尘世之中，又有几人能真正做到淡然处之呢？可见孔子对仲弓期望之高了。

孟子的内功心法

司马牛问君子。子曰：“君子不忧不惧。”

曰：“不忧不惧，斯谓之君子已乎？”子曰：“内省不疚，夫何忧何惧？”

司马牛问怎样做一个君子。孔子说：“君子不忧愁，不恐惧。”

司马牛说：“不忧愁，不恐惧，这样就可以叫作君子了吗？”孔子说：“自己问心无愧，那还有什么忧愁和恐惧的呢？”

《史记·仲尼弟子列传》中说司马牛“多言而躁”，也就是话多，性格浮躁，可能还多愁善感。大概他自己也知道，所以问孔子怎样成为一个君子，怎样能稳重端正呢？

夫子的回答如果幽默一点儿理解的话，差不多可以理解为君子天不怕地不怕，一天到晚乐呵呵。

估计司马牛就是这么理解的，所以反问，这样就君子了？心里的潜台词是这不没心没肺吗？于是夫子补了一句来点明内涵。少牛（司马牛字子牛）你还是太天真，你以为不忧不惧容易吗？要怎样才能做到不忧不惧？要内省不疚。不疚就问心无愧，无愧就能生气，有此气，连鬼神都不怕，“为人不做亏心事，半夜不怕鬼敲门”，也可给帝王当老师。这种气就是浩然正气。但孔子作为祖师爷，只说了这么句内省，具体怎么修炼呢？要看其传人孟子的。

孟子弟子公孙丑问：“敢问老夫子您最长于什么？”孟子回答道：“我长于理解人的话，我善于培养我的浩然之气。”公孙丑很明显只对第二句感兴趣，问：“请问什么叫浩然之气？”孟子回答：“难言也。其为气也，至大至刚，以直养而无害，则塞于天地之间。其为气也，配义与道；无是，馁也。是集义所生者，非义袭而取之也。”

后世有学习者，总结出四句心法口诀：浩然正气道义中，至大至刚直养通；充塞宇宙外无大，其内无小太素功。

概括起来，孟子的这种内功心法有如下特色：

首先，走的是少林派刚猛一路，至大至刚，修成后任何东西都无法侵犯摧毁，佛经中有专门的词来描述这种境界——金刚不坏。

其次，修炼法门是积累渐进式的，这也是名门正派的共同特点，短时间迅速提高功力的，那不是兴奋剂就是魔教。必须始终不间断地培养而不能损害，用孔子的话说，就是君子一时一刻也不能离开仁，“造次必于是，颠沛必于是”，匆忙紧急时不能离开仁，颠沛流离时也不能离开仁。只有这样，经过多年甚至是一生的沉淀累积，才能够培养出浩然之气。

最后，能够增加功力的外来辅助是“义与道”，而不是什么金丹大力丸。

说得这么玄，其实这种气，用诗歌来形容就是：“天地有正气，杂然赋流形。下则为河岳，上则为日星。于人曰浩然，沛乎塞苍冥。”

有了这样的气，还有什么可忧惧的呢？

积毁销骨

子张问明。子曰：“浸润之谮，肤受之愬，不行焉，可谓明也已矣。浸润之谮，肤受之愬，不行焉，可谓远也已矣。”

子张问怎样做才算是明智的。孔子说：“如水润物那样日积月累的谗言，像切肤之痛那样直接的诽谤，在你那里都行不通，那你可以算是明智的了。如水润物那样日积月累的谗言，像切肤之痛那样直接的诽谤，在你那里都行不通，那你可以算是有远见的了。”

“谮”，指谣言、诬陷，无中生有地说人坏话。“愬”，同“诉”，指诉说、倾诉，也指恐惧的样子。夫子在前面分别使用了定语“浸润”和“肤受”来修饰，程度又深了许多。

言语看似无力，既不是投枪，也不是匕首，击打到人的身上，也不会怎样。可别忘了两个成语：众口铄金，积毁销骨。历史上有太多的名将，没有死在沙场，却死在了轻描淡写的几句话中。

关于这则，我们来说书比古，讲段燕国的历史来印证。

战国晚期，燕国在七雄中还比较弱小，无法参与逐鹿中原的争斗，不过就这样安静地做个美丽的城市，发展旅游经济，搞活文化建设，其实也挺好。但自从姬哙继承了王位后就热闹了，没有经得住大臣忽悠的他，心动不如行动，决定效法尧舜禹实行禅让。这可是传说中的禅让第一次出现在真实的历史中，可惜结果嘛，很打儒家的脸。他稀里糊涂地把王位让给了宰相子之，子之本就专横，大权到手后更加不可一世，把个好端端的燕国搞得乱七八糟，老百姓非常不满意。之后顺理成章地发生政变，燕国大乱。

齐国机智地乘机发兵攻燕，只用五十天就攻入燕国都城，燕王哙和子之在混乱中被杀死。齐军大肆掠夺财宝，残害平民，引起燕国百姓的不满，其他各国也纷纷口头谴责，并摩拳擦掌地准备趁火打劫，于是齐国不得已而撤军。但是请注意，这个梁子就这样结下了。

之后燕昭王即位，广招贤才，乐毅就是其中之一。昭王对他非常器重，封他为亚卿，不论遇到什么事情都同他商量，在君臣努力之下，燕国渐渐国富民强，昭王于是召见乐毅：“我想攻打齐国报杀父之仇，你看现在可以吗？”乐毅说：“可以。但齐国是大国，光靠我们自己的力量恐怕打不过，要联合其他同齐国有矛盾的国家一起攻打，到那时战之必胜。”文雅地说这是兵法，十则围之；通俗地说，就是群殴力量大，一殴一个准。于是昭王就派乐毅去各国游说，大家一听要修理齐国，都很兴奋，燕国先后获得秦、韩、赵、魏国君的支持，几位国君都表示同意派兵参战。

不得不说，战国时的战争实在是没什么正义可言，基本上是想打就打。你祖上和我祖上有仇，我要报仇，开打；你不尊重我国国君，开打；你包茅不入，开打；你们国家政变，我来帮忙，开打；我看你不爽，开打。

一切准备就绪后，乐毅为上将军，率五国联军向齐国开战，结果可想而知，联军大胜。接着乐毅遣回他国援军，自己亲率燕军由北向南横扫齐国全境，经过六个月征战，顺利攻下齐国的七十余座城池并建立了郡县。当攻到即墨及周边的几个小城时，受到了田单率领的守城军民的强烈抵抗，攻势受阻。也就是说，只差两个小城，齐国就被灭了。

当双方对峙到第三年的时候，燕国国内出现了异样的舆论。有人说：乐毅足智多谋，七十城都能接连攻下，区区即墨几个小城三年未克，是不是他想自己称王？

昭王听到后大摆宴席。君王摆席，通常都是酒无好酒，宴无好宴，本次也不例外。席间，他指着提意见的那个人斥责了一番，大意就是即使把齐国给了乐毅，那也是应该的。然后下令把挑拨者当场处死，杀一儆百。又宣布以王后和王子的服饰赏乐毅的妻子和儿子，配备君王乘辇，派宰相亲自送到乐毅府中，并正式封乐毅为齐王。乐毅听到后十分惶恐，不敢接受，并发誓以死报忠，人们都更加佩服他了。这就叫“明”，不相信谮言，君臣相得，而成就如此。讽刺的是，昭王去世，惠王即位，田单立刻派人去燕国行反间计。计成，惠王换将，田单迅速组织反攻，燕军望风而逃，田单轻松收复了齐国全境。

就因为轻信谣言，燕国多年大业功亏一篑。夫子的话，又一次得到印证。读《论语》常常需要借助历史来印证，因为《论语》是孔子观察历史人事后得出的结论。

片言折狱

子曰："片言可以折狱者，其由也与？"

子路无宿诺。

孔子说："只听了单方面的供词就可以判决案件的，大概只有仲由吧。"

子路从不拖延诺言。

我们先来学习一个字：狱。这是个会意字，由两条"犬"和一个言论的"言"组成。有说"犬"表示看守犯人，有说用犬叫表示原告与被告之间的激烈诉辩。不管哪一个，反正都和打官司有关。《说文解字》解释为："确也。"也就是落实案情的意思。

它的名词意思很简单，案件。于是有一个词叫"折狱"，即断案。然后又发展出一个成语，在尺牍中常常可以看到：片言折狱。初看这是一个贬义词啊，"片言"也叫"单辞"，指诉讼双方中一方的言辞，这个成语就是说只听片面的话就判案。但是呢，这其实是个褒义词，用于称颂官吏贤明。只根据一方说的话就可以断案，这是很厉害的，一度成为古代司法界人士所追求的境界。

子路就可以"片言"而"折狱"，原因何在？可能是他很聪明，能从一滴水中推理出一条河流的存在，所以不需要多听，就像福尔摩斯。或者子路为人忠信，人们都十分信服他，在他面前不讲假话，凭一面之词就可以明辨是非。又或许，他阅历丰富，人生经验很多，面对案件时，往往可以一语中的。

在《折狱龟鉴》中记载了这样一件事情：

湖州人赵三与周生交好，约好了一同前往南都贸易。黎明时，赵三先上了舟船，因为太早，就小睡了一会儿。舟主张潮贪图他的金钱，就悄悄把船划到僻静的地方，把赵三扔下水，又假装他已经睡熟了。

过了一会儿，周生来了，以为赵三还没来，就安心等待。结果等了许久也不见友人来，便让张潮去赵三家催促。张潮到了赵家叩门，叫："三娘子。"并问："赵三怎么那么久了还不来？"赵三的妻子孙氏惊讶地说："他早就出门了啊，难道还没有上船吗？"张潮于是回去告诉周生。

周生十分惊异，与孙氏遍寻了三日，仍旧没有赵三的踪迹，周生便报告到官府。县官怀疑孙氏和别人合谋害了自己的丈夫，但找不到证据，也没有思路。

各位读者能发现其中的线索吗？

此时恰巧有位姓杨的评事翻阅案牍，一看就说："叩门便叫三娘子，定知房内无丈夫！"如果知道人家丈夫在家，怎么敢这样大胆地叫人妻子？敢这么叫的缘故，一定是知道家中没有赵三。"以此坐潮罪，潮具服。"

这就是人的阅历、经验所起的作用，县官发现不了，估计是因为还没结婚吧。

但无论哪种解释，都可以证明子路在刑狱方面是卓有才干的。说到这样的人才，还可以看一段《三国演义》的故事。

话说诸葛亮和鲁肃分别写了推荐信给庞统，推荐他去辅佐刘备，但刘备以貌取人，只让他当个县令。庞统到任后，半年不升堂理事，大小案件一律压着不判。百姓议论纷纷，一纸诉状告到刘备那里去，刘备立即派义弟张飞去耒阳考察庞统的政绩。于是后面就成了凤雏的表演时间了：积压下来的案子里什么内容都有，有恶霸强抢民女，有分家时财产分配不公，有田地纠纷，等等。原告们都争先恐后地要求先判决，庞统说你们一起来好了，然后耳听八方，笔走龙蛇，张飞则在一旁听得稀里糊涂，看得目瞪口呆。结果半年积压的官司，只用半天就结得一清二楚，令所有人心悦诚服。

作者的原意是为了突出庞统的高才，但我们换个角度来看，半年时间可以发生多少事情？要知道，案子晚点可以断，但有很多事情是无法挽回的。假如张飞不是在半年之后去耒阳，而是在一年之后去的，那么一年时间，被强抢的民女可能连孩子都生下来了吧？

不过毕竟是演义，认真你就输了。

个人行为与国家行为

季康子问政于孔子。孔子对曰："政者，正也。子帅以正，孰敢不正？"

季康子问孔子如何治理国家。孔子回答说："政就是正的意思。您本人带头走正路，那么还有谁敢不走正道呢？"

"政者，正也。"这是夫子对政治下的一个定义，颇与众不同。注意了，"帅以正"的意思可不是长得又帅又正点。

说到"正"字，先跑下野马。有一个人叫刘晏，幼年才华横溢，号称神童，得授太子正字，名噪京师，后世《三字经》中便有"唐刘晏，方七岁。举神童，作正字"之语。此处的"正"是动词，校对的意思，"正字"是古时候的一种官职，掌管校勘典籍之事。刘晏十岁那年被唐玄宗召见，玄宗问他："正字，正得几字？"刘晏回答："天下字皆正，唯有朋字未有正得。"这番话一语双关，不仅说出了"朋"字的字形结构特点，还含蓄地点明朋党之弊，真不愧是神童。

解读这一则，第一时间会产生的疑问就是，季康子问的是如何行政，这是国家层面的行为；而孔子回答的呢，却是个人行为，如果不是所答非所问，那么这其中的思路是怎样的呢？

首先大家要明确一点，在君主制的古代，所谓天下，很大程度上指的是天子、诸侯、卿大夫的天下，大家讨论的治国办法，几乎都是如何驾驭臣子、管理人民的办法。所以从某种意义上说，他们的行为也就是国家的行为。比如国君贪财，就会加重赋税，全国人民都会受到这一行为的影响，所以古人很重视研究天子们应该如何行动。那么君主应该如何行动呢？对此的看法主要有两大流派，一派是法家，另一派就是儒家。孔子主张君主应该先治己，再治民。所谓“其身正，不令而行；其身不正，虽令不从”，“君子之德风，小人之德草，草上之风，必偃”。

这其中的逻辑大约是这样的：

君主自身持正，就会亲近正直的臣子。下面的官员要想获得晋升，就会先端正自己的行为。长期下来，形成了一个正直的上层领导集团后，让人民效尤。上、下均正，就能引导国家进入治世。然而，“子帅以正”，真的会“孰敢不正”吗？身正，就真的会“不令而行”吗？上行，下一定会效吗？许多历史事实表明，未必如此。

孔子的说法，到底是过于理想化了。

子路篇第十三

国士无双

子贡问曰："何如斯可谓之士矣？"子曰："行己有耻，使于四方，不辱君命，可谓士矣。"

曰："敢问其次。"曰："宗族称孝焉，乡党称弟焉。"

曰："敢问其次。"曰："言必信，行必果，硁硁然小人哉！抑亦可以为次矣。"

曰："今之从政者何如？"子曰："噫！斗筲之人，何足算也！"

子贡问道："怎样才可以叫作士？"孔子说："自己行为有知耻之心，

出使外国各方，能够很好地完成君主交付的使命，可以叫作士。”

子贡说：“请问次一等的。”孔子说：“宗族中的人称赞他孝顺父母，乡党们称他尊敬兄长。”

子贡又问：“请问再次一等的。”孔子说：“说到一定做到，做事一定坚持到底，这是不问是非黑白只管自己贯彻言行的小人呀！但也可以说是再次一等的士了。”

子贡说：“现在的执政者，您看怎么样？”孔子说：“唉！这些器量、见识狭小的人哪里算得上呢？”

我最喜欢夫子品评人物、谈论概念了，因为他的角度总是很独特，能发前人所未发。这一节子贡连问了两句“敢问其次”，引出了三种层次的人才，夫子都为之下了定义。

下定义的大前提是什么？是先确立一个标准，标准不同，得到的结论也就不同。几百年前，人们认为大规模焚烧森林以开垦土地的做法并没有什么不妥，但在我们今天看来，这种做法简直是胡闹。这是因为我们现在有了新的、比较好的标准可以下这种判断。夫子在这里的评价标准就是第二句：“宗族称孝焉，乡党称弟焉。”回想一下第一篇中，曾子曾说过，孝悌是仁之本，“君子务本，本立而道生”。那么夫子的标准其实就是仁之本。

一个人如果有了一颗仁心，就不再是一个低级趣味的人，而升级为仁人志士中的仁人。那么往上呢？有了仁德，再配合才能。仁心为舵，才华为翼，就可以四海遨游了，这样的士，可以称之为国士。举个大家都熟悉的例子——蔺相如。他的功绩就不赘述了，高中课文大家都背过。蔺相如是一代贤相，和廉颇文武搭档，使强秦头疼了很多年。要说此人的嘴上功夫、脖子硬度以及胆气，古往今来估计没几个文臣可以相比。完璧归赵，渑池相会，那绝对是“使于四方，不辱君命”的完美诠释。

那么往下呢？还没有仁德的基础，但是也有自己做人的原则，“言必信，行必果”。这样的人怎么样？“硁硁然小人哉！”这个小人的标准可也不低哦。司马迁如是描述：“今游侠，其行虽不轨于正义，然其言必信，其行必果，已诺必诚，不爱其躯，赴士之厄困。既已存亡死生矣，而不矜其能，羞伐其德，盖亦有足多者焉。”这样看来，游侠可以算是次一等的士了。

“今之从政者”呢？夫子大约是很郁闷吧，一反温良恭的常态，吼了句“斗筲之人何足算”！既没有仁德，也没有原则，还没什么才能。

解说到这里，似乎可以结束了，然而我们要发挥一下，点一下题，国士往上，还有一等人，被称为国士无双。该语出自《史记·淮阴侯列传》：“诸将易得耳，至如信者，国士无双。”“无双”，即无人可以匹敌的人才。这句话中的信，即指韩信，“汉初三杰”之一，先后被封为齐王、楚王，后被贬为淮阴侯。汉朝三分之二的天下都是他打下来的，因此他被后人奉为“兵仙”“战神”，可以王侯将相一人全任，“国士无双”这个称号可以说当之无愧。

有一个人，无论以什么标准看，论传奇程度都可以名列前十，但不知为什么，历史知名度却不太高。他曾率领三十六骑出关，人数也许夸张了点，但想来志愿跟随的人也多不到哪里去。他利用西域诸国之间的矛盾纵横捭阖，借力打力，各种心理战加外交战，威逼利诱、感化胁迫诸般手段拿捏自如，最终成功降服三十六国，驱逐匈奴势力，收复西汉末年丧失的大片西域土地，重建西域都护府。我说的是《苏武传》的作者班固——的弟弟——班超。他的妹妹班昭也是著名的史学家。汉和帝永元十二年，远居西域三十一年的班超申请回国，三十一年来为国开疆拓土，尽忠坚守，古稀之年终于回到洛阳。永元十四年，班超逝世，举国哀悼，这位无双国士波澜壮阔的一生就此画上了圆满的句号。

再举一个人，梁实秋笔下《记梁任公先生的一次演讲》中的梁任公。梁任公即梁启超，他是一个完全符合我们对天才的定义的人物：六岁学完五经，九岁能写千字文章。我相信这两件事情的难度同今天的小孩子九岁就精通外语差不多。而梁启超十二岁中秀才、十七岁中举人的壮举同我们今天惊为天人的中国哈佛少年相比，似乎难度更大。中举时的主考官以为梁启超“国士无双”，竟然无视门第观念，把自己的堂妹许配给梁启超做妻子，这是传统文人对一个人表示欣赏的最高礼遇。

无双国士，在历史长河中自然还有许多，我们无法一一详述。

时间的流逝能把很多东西一洗而空，豪华高贵的铜雀台如今早就荒芜，当年的赤壁古战场也没了金戈铁马的模样，但有些东西却流传了下来，就是英雄们的故事和风采。这些故事和风采始终口口相传，随着时间的流逝融入民族的血液。

好了，本则解说完毕。

仁者四相

子曰：“刚、毅、木、讷，近仁。”

孔子说：“刚强、果决、朴质，言语不轻易出口，有这四种品德的人近于仁德。”

这四个字历来有两种解读。一种是宋代大儒朱熹的读法，“刚毅”和“木讷”为两个词；而我遵从杨伯峻先生的解释，刚、毅、木、讷，是孔子称颂人的四种品质。

“刚”乃不屈不挠的坚持，宁折不弯。坚持什么呢？自然就是坚持自己的“道”了。君子有所为有所不为，有些东西是要变新的，有些东西是不可以改变的。中日甲午战争时期，日军登陆旅顺，守城官吏早就望风而逃，唯有金州教谕王延廷不顾家人的劝阻，身着朝服，端坐明堂，静等日军到来。日军冲进来后，被他的威严震慑，一时间不知所措。这时，一个精通中文的日本军官提笔在墙上写道：“大雪满山鸦飞尽，独留老鹤守寒梅。”然后带人走了。真正读书人的气节和风骨正在这里。

“毅”是决断。人生总有需要决断的时刻，君子处世唯义之与比，既然一件事情是应该做的，是必须去做的，那么就去做好了，不必犹豫。唐太宗李世民有两个得力宰相，一个是尚书左仆射房玄龄，另一个是尚书右仆射杜如晦。《旧唐书》上说，唐太宗同房玄龄研究国事的时候，房玄龄总是能够提出精辟的意见和具体的办法，但是往往犹豫不决。这时候，唐太宗就把杜如晦请来，而杜如晦一来，将问题略加分析，就能立刻肯定采用哪些意见和办法。房、杜二人，一个善于谋划，一个善于决断，时人便称“房谋杜断”。

“木”为质朴，就是文质彬彬的那个“质”，也是“文胜质则史，质胜文则野”的那个“质”。相对的词是“聪明”。我们时常用我们的“聪明”去嘲弄这个世界，可最后可笑的是谁呢？也真的不好说。大家都推许的人情练达、老于世故，也许恰恰是离真正的智慧最远的。

“讷”并不是指不善于说话，而是言语不轻易出口。“夫人不言，言必有中”，语言贵在精，不在多。东晋著名书法家王羲之的小儿子王献之也是书法名家，当时人称他父子为“二王”。献之年幼时就很聪明伶俐。有一天，他和两个哥哥征之、操之一起去见宰相谢安。见面后，两个兄长多言俗事，献之却只是寒暄一番。三人离去后，有人便问谢安三兄弟的优劣，谢安答曰："小者佳。"理由是："吉人之辞寡。以其少言，故知之。"你看，说得多，想表现一下，结果反撞枪口上了。

不过这倒是使我想起一个人物，他虽然口吃，却很近于仁。汉代大臣周昌为人坚忍刚强，敢于直言不讳，但是一着急就口吃。刘邦后期想废掉太子，改立戚夫人之子刘如意为储君。许多大臣坚决反对，都未奏效。周昌在朝堂上和刘邦极力争辩，刘邦问他原因何在，周昌本来就有口吃的毛病，再加上内心气愤，口吃得更加厉害了，他说："臣口不能言，然臣期期知其不可。陛下虽欲废太子，臣期期不奉诏。"翻译过来就是："我的口才虽然不太好，但是我期……期……知道这样做是不行的。陛下您虽然想废掉太子，但我期……期……坚决不能接受诏令。"刘邦听罢不由笑了。事后，吕后见到周昌时跪谢道："若不是您据理力争的话，太子几乎就被废掉了。"

三国时的魏将邓艾也口吃，说话时常称自己是"艾……艾……"，两人刚好给后世留下一个成语——期期艾艾。

宪问篇第十四

尚武精神

南宫适问于孔子曰："羿善射，奡荡舟，俱不得其死然。禹、稷躬稼而有天下。"夫子不答。南宫适出，子曰："君子哉若人！尚德哉若人！"

南宫适问孔子："羿善于射箭，奡善于水战，最后都不得好死。禹和稷都亲自种植庄稼，却得到了天下。（怎样解释这些历史？）"孔子没有回答。南宫适出去后，孔子说："这个人，真是个君子呀！这个人，多么尊尚道德！"

南宫适（就是南容，靠朗诵诗歌拐走孔子侄女的那位，现在就知道了，可不是那样简单的）采用对比的方式提问，与其说是提问，不如说是述说自己的心得体会，问题中已经包含着答案，故夫子不答。这个答案就是“恃德者昌，恃力者亡”。要求统治者以德治天下，而不要以武力经营天下，否则，最终是没有好下场的，比如经常做反面教材的秦国。

但是，夫子如此推崇道德，真的好吗？一种只推崇温良恭俭让、仁义礼智信，而没有血气野性的文化，真的完美吗？本则解说，我决定唱个反调，我们来谈尚武精神。

今天解释“武”字，多为止戈之意，制止暴力才是武的意义所在，这自然也很有味道。我很喜爱的动作明星李连杰先生，也同意这样解释武术。可是如果你去看金文字形和甲骨文字形就知道，那分明是一只脚和一把戈，表示手拿武器快速奔跑，去杀戮，去战斗，去征服，何来什么止戈？

自古胡汉恩仇不断，北方匈奴、鲜卑、柔然、突厥、回纥、契丹、女真、蒙古等族，换了一波又一波。汉高祖在白登之围玩脱了，靠大谋略家陈平出奇计救了新生的大汉。然后便是靠和亲救国，无论怎样粉饰和亲之美，也敌不过一首《咏史》：“汉家青史上，计拙是和亲。社稷依明主，安危托妇人。岂能将玉貌，便拟静胡尘。地下千年骨，谁为辅佐臣。”

我忍，我忍，我还忍。直到汉武帝时期，经祖孙三代积蓄，一朝爆发，誓要开疆拓土，打出气魄，报仇雪恨。于公于私，都要平了匈奴大患。汉武帝意气勃发，登基后操纵外戚，削弱藩王势力，培植儒家新势力为己用，权柄尽在手中。早期集权时无暇他顾，只好继续和亲，国力日强后便决心以军事行动彻底解决匈奴之患。如此大的动作，朝堂上下都知没了后路，主和派向主战派靠拢，上下一心，战翻匈奴！

长风呼啸，汉军威武；卫霍声名，光耀千古。君臣一心，打得北匈奴直接逃到欧洲腹地，在那边继续和欧洲人掐架，不仅找回了昔日荣耀，还引发了欧洲社会的大变动，从而改变了欧洲历史。

可是夫子不喜欢打打杀杀，他大约会批评汉武帝穷兵黩武，会教导武帝：“远人不服，则修文德以来之，既来之，则安之。”匈奴人不服气，你就打到他没脾气，这怎么是君子的做法呢？你好好修养自己的德行，感化他，吸引他，他自然就来了，这有什么难的？

那么古代文化发展到巅峰、集其大成的是哪一个朝代？说是宋代，大约不会有异议。那是文人的黄金时代，那是名臣名人灿如空中繁星的时代，那也是吃货们无限向往的时代。可是，绮丽的文辞并没有抚平金人的残暴，食物的香气引来的也不是臣服的异邦，而是草原铁骑的践踏。最后，一个那样令人神往的时代被暴力终结了。这或许是对孔子“修文德以来之”这句话最好的讽刺，只是这讽刺的代价未免太大了些。

重文轻武，久而久之便容易导致性格弱化。而性格弱化的人在面对命运的残酷与不公时，会去乞求佛祖保佑、乞求观世音菩萨发发慈悲、乞求贵人相助，甚至乞求强盗发善心。可是强盗不会发善心，回顾历史，民族性格一旦弱化，接下来的多半就是挨打、被屠杀，然后才能迎来王朝新一轮的兴衰更替。许多原本非常强悍的北方游牧民族入主中原之后，接受了儒家学说，放弃了野性与尚武精神，结果就是多年后又要挨那些继续留在塞外草原上奔驰的游牧民族的打。金灭辽，蒙古灭金，女真一族更是将蒙古、中原、西域一齐揽入囊中。

每当翻看历史，看到人命如草芥般的乱世时，我是那样地渴望英雄，渴望英雄来结束这无尽的苦难，带给对平凡百姓而言最珍贵的和平。所以我更喜欢这样一句话：文明其精神，野蛮其体魄！它是《沁园春·长沙》的作者于《新青年》上发表的《体育之研究》这篇文章里说的！

适合就好

子曰："孟公绰为赵魏老则优，不可以为滕、薛大夫。"

孔子说："孟公绰，做晋国赵氏、魏氏的家臣，是才力有余的；却不能做滕、薛这样小国的大夫。"

孟公绰是鲁国人，以清心寡欲著称，但并不是没有能力，孔子甚至视他为完人的代表。但即使是这样的"完人"，也有适合做和不适合做的事情。

孔子认为，孟公绰在赵、魏那样的公卿之家当家臣就挺好，他不适合在滕、薛那样的小国里当大夫。赵、魏是晋卿之家，举足轻重。公卿巨室都喜欢养贤，在那里做家臣，虽无实职却有声望，而且事务不杂不乱；在小国里做大臣则相反，麻雀虽小五脏俱全，内政外交一堆事，身心劳碌却并不容易有成效。因此，清静无为的人，更适合做个名士；进取心强的人，才适合去从政。

孔子借这样的评论想说的是：尺有所短，寸有所长。国家用人，应当量才而用，把人才放在合适的位置上，让他们各显其能。

"隋炀不幸为天子，安石可怜作相公。若使二人穷到老，一为名士一文雄。"这诗是谁写的说不准，但写得很好。隋炀帝在演义和小说中一般都是作为昏君代表的，但不能因此就抹杀他的优点。史书上说他"少敏慧，美姿仪"，不仅聪慧过人，长得还帅气。其实他的文学功底也是非常好的，写过很多诗文，比如一首《野望》："寒鸦飞数点，流水绕孤村。斜阳欲落处，一望黯消魂。"这意境多好。后世苏门四学士之一的秦观有一名句："斜阳外，寒鸦万点，流水绕孤村。"怎么看都像是化用了杨广的诗句，而且肯定没给版权费。他的作品还结集出版为《隋炀帝集》，据说李世民看过后感慨道：“朕观《隋炀帝集》，文辞奥博，亦知是尧、舜而非桀、纣，然行事何其反也！”王安石就更不用说了，作为文学家远比作为政治家出名。

这两个人，如果按照才能分配角色的话，王安石将成为大文豪，他的文章那么好，是唐宋八大家之一，如果不从政，也许会写出更好的作品，让后世人更加仰慕。隋炀帝如果不是皇帝，也许能成为一个颇有声名的风流名士。可王安石当了宰相，进行变法，后世对此的评价差别非常大，梁启超对王安石极度推崇，以为圣人，为其作传，而有些论者就认为他要对北宋的灭亡负责。到底谁是谁非，谁也说不好。

搭错车的皇帝还不止隋炀帝一个，宋徽宗赵佶更凄凉。史载其出生时，父亲宋神宗梦见南唐后主李煜前来谒见，后世人也认为，徽宗赵佶身上有太多“千古词帝”李煜的影子。他一生精于书画，在中国艺术史上功不可没，我最喜欢的，是他为后世留下的“踏春归来马蹄香”的典故。

在一次绘画考试中，赵佶以一诗句为题——“踏春归来马蹄香”。这里的“春”“归来”“马蹄”都好表现，唯有“香”是无形的东西，用画很难表现。许多画师虽有丹青妙手之誉，却面面相觑，无从下笔。独有一人欣然命笔，画成之后，众人一看，远山春水，芳草骏马，更为特别的是：有几只蝴蝶飞舞在奔走的马蹄周围，这就通过侧面描绘的手法形象地表现了踏花归来，马蹄还留有浓郁的馨香之意。徽宗俯身细览，连声赞叹，众画师莫不佩服，皆自愧不如。

宋徽宗与后主李煜一样，琴棋书画诸事皆能，独不能为君。可历史偏偏就选了他们来做皇帝，何其惜哉！

潜台词

蘧伯玉使人于孔子。孔子与之坐而问焉，曰："夫子何为？"对曰："夫子欲寡其过而未能也。"

使者出。子曰："使乎！使乎！"

蘧伯玉派使者去拜访孔子。孔子请使者坐下，然后问道："先生最近在做什么？"使者回答说："先生想要减少自己的错误，但未能做到。"

使者走了以后，孔子说："好一位使者啊，好一位使者啊！"

《红楼梦》中，林黛玉进贾府那段情节很是经典。黛玉见过贾母，王熙凤便"先声夺人"地出场，打量过黛玉后说了这样一席话："天下真有这样标致的人物，我今儿才算见了！况且这通身的气派，竟不像老祖宗的外孙女儿，竟是个嫡亲的孙女，怨不得老祖宗天天口头心头一时不忘。只可怜我这妹妹这样命苦，怎么姑妈偏就去世了！"

这段话妙在哪里呢？妙在话中有话。第一句话林黛玉本人听了受用，被人夸漂亮，当然开心了；然后，贾母的嫡亲孙女就是旁边的三春啊，林黛玉的气派如她们一般，也就是说三春本来就很有气派，三春听了自然也高兴；再者，贾母也高兴，自己最疼爱的女儿贾敏生的女儿长得漂亮，这不就是说自己女儿漂亮嘛。女儿为什么漂亮？因为遗传啊，这说明贾母也漂亮，能不高兴吗？

一言三用，一拍三马，夸赞得不留痕迹，浑然天成，不愧是八面玲珑的王熙凤。这样的话就叫潜台词，非常有意味。那么这位使者的话又有哪些潜台词呢？

如果把这一则作为一道语言运用题，一定很有意思。翻译的内容也给你了，不会因为字句不通而错解其意。我们的问题是：请从潜台词的角度，说说夫子为什么称赞这位使者。

使者的回答虽然只有一句话，却包含了这样几层意思。

首先，态度不卑不亢，谦虚得体。

其次，其回答迎合了孔子大儒的身份。希望自己做到每天少些错误，这不就是儒家所讲求的“反求诸己”“吾日三省吾身”吗？每天对自己的思想、行为加以反省，希望能够做到少错寡过。孔子听了，自然高兴。

再次，也堵住了孔子的嘴。如果孔子对蘧伯玉还有什么看法或批评，现在是说不出来了。因为人家刚刚说过，我们家先生虽然每天在反省，想减少过错，但是他感觉还做不到，没有达到这个标准。那你又怎么好意思继续给人提意见呢？

所以使者的话非常有味道，也很有技巧，夫子一听就懂了，故而称赞。

一篇微小说

子曰：“君子耻其言而过其行。”

子曰：“君子道者三，我无能焉：仁者不忧，知者不惑，勇者不惧。”子贡曰：“夫子自道也。”

子贡方人。子曰：“赐也贤乎哉？夫我则不暇。”

子曰：“不患人之不己知，患其不能也。”

孔子说：“说得多，做得少，君子以为耻。”

孔子说："君子之道有三个方面，我都未能做到：仁德的人不忧愁，智慧的人不迷惑，勇敢的人不畏惧。"子贡说："这正是老师的自我表述啊。"

子贡评论别人的短处。孔子说："赐啊，你真的就那么贤良吗？我可没有闲工夫去评论别人。"

孔子说："不忧虑别人不知道自己，只担心自己没有能力。"

这四则在本篇中是依次排下来的，我想，编排《论语》的人一定是用心为之的。因为把它们连起来看，就如同在看一篇微型小说，很好玩。

开端，孔子提出个标准，君子要言行合一，没做到就不要夸大说做到了，说得多做得少那不是吹牛皮嘛，君子必定是以此为耻的。

接下来是发展，孔子自我评价说，仁、智、勇这三个方面，我都没有做到啊。这三点被人称为三达德，是人才的标准，很难同时都具备。前面孔子说过，仁者必有勇，但勇者未必有仁。西楚霸王项羽够猛了吧？可是他屠城、坑杀降卒、火烧阿房宫，哪里仁德了？仁者又未必智，而才高聪明的人往往都是恃才傲物、放荡不羁的。因为有了前面的铺垫，我们知道孔子肯定不会言过其行，这是君子所耻的嘛。他说自己没有做到，就是没有做到。

但是子贡在后面评价说，这不就是您的自我评价嘛。注意，"夫子自道"的语气和意思都是肯定的，是说您其实都做到了。那么我们就要把孔子说的没做到理解为古人一贯的自谦了，称自己不才，并不是真的没才能，称愚兄也不是真的愚钝。孔子说没做到，那是自谦而已。真正有修养的人从来不会自己说自己多么多么了不起，修养多么多么高，如果说了，那还算得上是修养高吗？但别人可以这么评价你，子贡那么了解夫子，他的评价应该是很准确的，所以夫子做到了。这与之前说的没做到，刚好形成了情节上的一个小反转。

接下来，插叙一笔。子贡才高，所以总看别人不顺眼，正批评别人呢。夫子说你看看，老师我可没时间去评判别人，因为最后一则说了，人要自省，担心自己能力不够还来不及呢。言外之意是你的修养还不到家，怎么不反省一下自己呢？这样看，本则不仅批评了子贡，也说明孔子是真的认为自己做得还不够，还在患不能中，那么就是还没有做到仁、智、勇，夫子之前自我评价的话是对的。这和子贡的评价又形成了一个小反转。

结局，夫子到底有没有做到仁、智、勇三达德呢？对不住，这是开放式结局，请读者自行想象去吧。

编排巧妙，自能妙趣横生。

知其不可为而为

子路宿于石门。晨门曰：“奚自？”子路曰：“自孔氏。”曰：“是知其不可而为之者与？”

子路夜里住在石门（第二天清晨入城），司门人问：“从哪里来？”子路说：“从孔子那里来。”司门人说：“是那位明知做不到却定要去做的人吗？”

在文学中，经常会使用侧面描写的手法来塑造一个人物。通过他人之口来评价主人公，不仅让读者觉得更为真实可信，而且更有魅力。比如罗贯中笔下的孔明先生：

玄德曰："先生何出此言？"徽曰："孔明与博陵崔州平、颍川石广元、汝南孟公威与徐元直四人为密友。此四人务于精纯，惟孔明独观其大略。尝抱膝长吟，而指四人曰：'公等仕进可至刺史、郡守。'众问孔明之志若何，孔明但笑而不答。每常自比管仲、乐毅，其才不可量也。"玄德曰："何颍川之多贤乎！"徽曰："昔有殷馗善观天文，尝谓群星聚于颍分，其地必多贤士。"时云长在侧曰："某闻管仲、乐毅乃春秋、战国名人，功盖寰宇；孔明自比此二人，毋乃太过？"徽笑曰："以吾观之，不当比此二人；我欲另以二人出之。"云长问："那二人？"徽曰："可比兴周八百年之姜子牙、旺汉四百年之张子房也。"众皆愕然。

听了这样的评价，是不是马上就想见一见卧龙先生了？

借他人之口描绘夫子的形象，有两则最为有名。一则是孔子与弟子失散时，子路寻找老师，向一个人打听，那人把夫子形容为丧家犬。夫子后来听了子路的转述后，不仅没生气，反而笑呵呵地认为他说得很对。孔子也是蛮好玩的。这个词现在成了一本书的名字——学者李零干脆直接拿"丧家狗"三个字做了自己的书的名字。另一则就是本句："明知不可为而为之。"

这句话有着怎样的意味呢？反复咀嚼即可发现，一种悲剧意蕴渗透在其中。

鲁迅先生曾这样解释悲剧："把有价值的东西撕毁给人看。""为"在此处是动词，"做"的意思。孔子一生坚忍不拔、锲而不舍地奔走努力，这是他的人生价值所在。然而，这样的追求与奋斗、进取，并不是建立在一个坚信自己的理想必然会实现的积极的心理基调上。恰恰相反，它竟然是建立在明知这一切都不会有任何结果的心理基础上，多么苍凉。可即便如此，夫子也不曾放弃。

绝望之为虚妄，正与希望相同。可仍旧不能放弃希望。这不是痴，不是疯，更不是傻，而已经是一种可贵的文化品格。它可以随着时光漫溯，直到那些美丽神话流传着的上古时代。精卫难道不知道沧海是不可能填平的吗？为什么还要这样执着？夸父难道不知道太阳是追不上的吗？为什么要一直奔跑？刑天已经败了，为什么不愿臣服？为什么还要战斗？他在和谁战斗？他的战斗还有意义吗？知道，他们都知道，可他们依然不放弃，为了一个信念，一种精神。这些虽然只是神话传说，却展现了我们祖先的意志和品质，是“明知不可为而为之”的文化品格的先声。

不过，这种品格的确立却是由孔子来完成的。

孔子一生安静恬淡、宠辱不惊。他所生活的时代礼乐文化正在崩坏，中央没有强大的统一政权，战争频繁，强盗也很多，普通人生活得很辛苦。在这样的时代，明明宣扬权谋利益会更受欢迎，可他偏偏要主张仁爱，想要重建礼乐，想要再看到一个和平的社会，而这个理想，几乎是不可能实现的。对于他来说，一切行动并不是因为预测到已有成功的把握然后才去做，而是从他主张的道德标准出发，去做他该做的事。当然，在做之前，他可能已经预见了事情的结果，但这并不会影响他应有的行为。《论语》中记录着这样一件事：陈成子弑其君齐简公。孔子沐浴而朝，请鲁哀公讨伐他。哀公让他去找孟孙、叔孙、季孙三位大夫，但三人没有同意。两次“告”的结果，孔子是早就知道的，但“以吾从大夫之后，不敢不告也”。

他不崇尚武力，不赞成用严刑苛法来治国，他深信真正的安宁和幸福在于人心的改变。他一生都在宣扬着自己的仁道，却从不利用任何神迹来迷惑鼓动任何人，明明这对苦难中的人来说可能更有效果。在人类那么多伟大的精神领袖中，孔子从来没有宣称过自己是神的使者或是受到过什么神的启示。他不谈论怪力乱神的事情，只是劝人行善修德。

孔子博学多艺，温良恭俭让，常常独自漫游，射箭的技术很高明，也会演奏优美的乐曲，听到好听的音乐会忘记自己的存在，也忘记食物的味道。他不贪慕名利，从不强迫任何人追随他、崇拜他。可是他的弟子却渐渐地多了起来，追随他，不离不弃，把他的学说传承下去。

如今，他的哲学早已融入大部分中国人的思想中。那些闪烁着思想光辉的格言警句给人们的心灵融入一丝温暖，让我们发现，人是高贵的，生命是美好的。

卫灵公篇第十五

说难

子曰："可与言而不与之言，失人；不可与言而与之言，失言。知者不失人，亦不失言。"

孔子说："可以同他谈，却不同他谈，这就失掉了人才；不可以同他谈，却同他谈，这是浪费了言语。有智慧的人既不失去人才，又不浪费言语。"

韩非子写过一篇有名的文章叫《说难》，谈到游说的种种难处。说话人想要既不失人，又不失言，又能说服君主，的确是太难了。韩非子被誉为最得老子思想精髓的两个人之一，又是法家的集大成者，虽因口吃不善辩说，却长于著述。

他的书传到秦国，遇见了一位超级读者——秦始皇。后者在初见韩非子著作的部分内容时就佩服地说：“嗟乎，寡人得见此人与之游，死不恨矣！”然而遗憾的是，最后两人虽然见面了，秦王却因为李斯的谗言而将韩非子投入监狱。韩非子想上书给皇帝，但被拒绝。随后嬴政后悔了，派人赦免他，可韩非子已然被逼得服毒自尽。

写下《说难》的天才，最终也死于言下。

《过秦论》我们都学习过，写政治策论能写得如此文采飞扬、气势纵横的，古往今来也没几个人。不信你去考考公务员考试中的《申论》，就明白有多难了。其作者贾谊少年才高，被破格提拔，之后的故事也很套路，被人嫉妒排挤，不能施展才华与抱负，还被贬出京城。几年后，文帝很想念贾谊，又把他从长沙召回长安，在未央宫祭神的宣室接见了他。

如果你是汉文帝，这个时候会和贾谊谈什么？当然是安邦定国的事情了，这是最应该向他询问的啊。可是，文帝对鬼神之事有不少疑问，就问贾谊鬼神是怎么回事。贾谊是怎么回答的，史书上缺乏记载，后世人只知他的见解使文帝感到很新鲜，听得很入神，甚至移席（当时是席地而坐）凑到贾谊跟前，一直谈到深夜。事后，文帝还感叹不已地说：“我好久没有见到贾生了，自以为学问赶上了他，现在听了他的谈话，还是不及他啊！”

对于这件事，李商隐很不以为然，直接开批：“宣室求贤访逐臣，贾生才调更无伦。可怜夜半虚前席，不问苍生问鬼神。”

应该和他谈治国，可是你不谈，这就是夫子所说的失人。

法家另一个大牛人物商鞅最初见秦孝公时的几番话，则属于失言。他是卫国国君的后代，其实叫公孙鞅，也可以叫卫鞅。商是他的封地，以此为氏，就被称为商鞅。总之，当时的姓和氏不是一回事。所谓姓，指的是一个人的血统（当然，只有贵族才有空闲研究或者附会自己的血统），是固定的，很少；而氏，则代表此人的身份地位，可以根据官位、封地、职业等变来变去。这种情况，在春秋时极普遍，战国时较固定，秦汉以来便合二为一了。

商鞅曾三次见秦孝公，第一次见面说的是帝道治国思想，满口三皇五帝、仁义道德，各种高大上。但秦孝公的反应是：“语事良久，孝公时时睡，弗听。”待商鞅走后把还把推荐人景监找来训了一通。但商鞅不以为意，反正训的又不是他，要求再见孝公，景监一咬牙，好，我信你，再次引荐。这次说的是以王道治国。要知道，王道治国最成功的范例便是西周礼制，也的确曾经使天下康宁，一片兴盛，所以孔子一直不遗余力地为王道礼赞。春秋战国以来，许多国君为了表示自己的仁义，坚持说自己奉行的是王道。但秦孝公依然没什么大的反应，只是没睡觉而已，而且待商鞅走后又训了景监一顿。商鞅当然还是不在乎，要求继续见。景监之所以能在历史上留名也就是这种死磕的劲头了，竟然真的再次引荐。这回商鞅直接说霸道，孝公终于有反应了，对景监说：“汝客善，可与语矣。”

而最后一次，商鞅落实到具体做法，用富国强兵的道理说服孝公，终于成就一代强秦，为秦始皇最后的君临天下打下了基础。秦孝公也兑现了他在“求贤令”中的诺言：“与之分土。”商鞅被封为大良造，又因战功封於、商十五邑，号商君。

至于景监，因为有引荐之功，也在历史上留下了名字。而关于他到底是不是太监的争论，似乎至今也没个定论，想想其实挺无聊的，这应该不是关注的重点吧！

先利其器

子曰：“志士仁人，无求生以害仁，有杀身以成仁。”

孔子说：“志士仁人，不贪生怕死而损害仁，只勇于牺牲来成全仁。”

子贡问为仁。子曰："工欲善其事，必先利其器。居是邦也，事其大夫之贤者，友其士之仁者。"

子贡问怎样培养仁德。孔子道："工匠要做好工作，一定要先搞好他的工具。我们住在一个国家，就要敬奉那些大官中的贤人，结交那些士人中的仁人。"

今天的草丛也和往常一样，似乎并没有什么特别的。等等，那一处的颜色所勾勒出的边际线条好像不那么自然，那是什么？

没错，那并不是真的草丛，而是一处伪装，是一名身穿吉利服的狙击手的伪装。此刻，他正在调整呼吸频率，利用一款专为军方定制的手机软件进行风速、重力、温度等各种细微因素的精密测算，准确修正弹道，然后悄无声息地扣下扳机。让子弹飞一会儿，几秒钟后，两公里外的一名敌人胸前爆出一团血花，在毫无征兆的情况下被狙杀。

数码迷彩，潜伏伪装，用手机软件计算弹道，超远距离狙杀，这实在是太酷了。但是，不不不，我要借此说明的并不是酷不酷的问题，而是这件事情放在"二战"那会儿，压根儿就是天方夜谭。你和人说我可以狙杀两公里外的目标，他会建议你先去看医生更靠谱些。因为那时最好的狙击步枪射程也没那么远，如何能完成两公里外的射杀呢？

决定这一切的，是工具。一件事情所必需的工具决定了这件事是否能完成，或者完成度有多高。

"工欲善其事，必先利其器。"这两句我们常常引用的名言，就出自《论语》这一则。朴素的话语中包含着不易的道理。既然是不易的道理，那实现仁这件事，当然也得遵循这个道理。能够有助于仁的实现的工具是什么呢？就是这个国家的"大夫之贤者""士之仁者"。他们既然本身就贤德，自然会接受仁的思想，然后就可以利用自身的权力、地位、声望去推行仁。另一方面，和这个国家里各种贤达的人都交了朋友，有了良好的社会关系，我才能得到有所贡献的机会，完成仁的目的。

可是，这不就是耍手段吗？这不就是权谋吗？孔子他老人家怎么可以这样？完了，我的心碎了，连满口仁义道德的夫子都玩起权谋了，这世界还有什么是可以相信的？

于是有人解释说，这里的意思应该是这样的：“工以利器为助，人以贤友为助。”工匠在做工前打磨好工具，操作起来就能得心应手，事半功倍。思想品德的修养也是一样，选择品德高尚的人交往，与他们做朋友，受他们的影响熏陶，潜移默化之中自己的思想境界和道德修养就会在无形中得到提升。这便是曾子所说的君子“以友辅仁”的道理。

的确也有道理，但从语感上来说，读不出这层意思来。

关于你心碎不碎的事我们先放一边儿，你不觉得整部《论语》读下来，也没有哪处说夫子彻底否定权谋吗？“用之则行，舍之则藏”，“邦有道，危言危行；邦无道，危行言孙”，严格地说，这不都算是权谋吗？都是明哲保身的方法啊。

这么说，夫子也没比我高明多少，我也常常翻阅《鬼谷子》《战国策》《厚黑学》等书，夫子的这种手段，并不如何高明嘛。对不住，区别大了。夫子说过：“吾道一以贯之。”他的心中有一个“一”，而我们没有。所以夫子的权谋就只是手段，是为了完成那最高的仁；而我们的权谋虽然也是手段，却是为了满足自己的私欲。

凡圣之别，盖出于此。

另外，本则编排在这里，还可以读出一层意思来。上一则是“志士仁人，无求生以害仁，有杀身以成仁”，刚刚撂下狠话，要为仁而将生死置之度外，马上就补充这一则，告诉你要完成仁，可以先如何做，不必动不动就牺牲性命。也就是说，本则起了一个补充说明的作用，怕你误会夫子的意思。夫子并不鼓励人轻易地牺牲，舍生取义是在必须如此的时候才能采取的最后手段。在平时，一个有志于实现仁的人要惜身爱身，懂得方法。所以夫子才有诸多饮食上的忌讳，才会时常批评子路太过勇武。

这两则，大概就是这样吧。

更爱真理

子曰："当仁，不让于师。"

孔子说："面对着仁德，就是老师，也不同他谦让。"

古希腊著名学者，百科全书式的人物，世界古代史上最伟大的哲学家、科学家和教育家之一，中学物理教材中的著名反面典型——亚里士多德有一句名言："吾爱吾师，吾更爱真理。"

说到真理，再跑次野马（你们应该习惯了吧）。

2008 年，有一本名为《哈佛图书馆墙上的训言》的书，刚出版就成为畅销书，什么"此刻打盹，你将做梦；而此刻学习，你将圆梦"之类的心灵鸡汤格言迅速火遍各种励志演讲场合，更是新生开学典礼上的必备语录。不过之后因为遭到读者的质疑而渐渐淡出视野。但不久，又有一本《哈佛凌晨四点半：哈佛大学送给青少年的最好礼物》的书再度畅销，可见我们的哈佛情结。

其实早在哈佛大学校方公开澄清前，哈佛大学的图书管理员罗伯特教授已在官网上做了说明，并在《华尔街日报》上发表了一篇文章，为大家还原了真相：

当最近读到一篇在中国广为流传的《哈佛图书馆墙上的训言》的时候，我十分惊讶。作为学校的哈佛图书馆工作人员，我可以证实在全校 73 个图书馆中，没有哪一个的墙上有这些文字。事实上，在哈佛图书馆官方网站上我们可以查到大多数图书馆都是朝九晚五的正常作息时间，只有少部分图书馆在临近期末的时候才会 24 小时开放。而哈佛真正的校训是 Veritas。

Veritas 的意思就是：真理。

文艺复兴三杰之一的拉斐尔画有一幅超牛的巨型壁画——《雅典学派》。该壁画气势恢宏，不愧为传世经典。画面的中心是两位伟大的学者——柏拉图与亚里士多德，他们似乎一边进行着激烈的争论，一边向观众方向走来。亚里士多德伸出右手，手掌向下，好像在说现实世界才是他的研究课题；而柏拉图的右手手指向上，似乎是表示一切均源于神灵的启示。这两个对立的手势，表达了他们思想上的根本性分歧。同时也表明，老师固然值得敬重，但老师并不代表真理。真理在我们之上，在人的意志之外，任何权威都不能改变它。而追寻真理，就是我们存在的意义。

所以，吾爱吾师，但吾更爱真理。

同样的意思在夫子这里，便是“当仁，不让于师”。

他们虽然没有生活在同一个时空，却同样伟大。我常想，如果他们能够见到彼此，会发生怎样有趣的故事？要知道，虽然孔子不能，但孟子只比亚里士多德小了约十二岁。如果没有喜马拉雅山挡着，说不定亚历山大（他是亚里士多德的学生）可以打到中国，但战国时期名将众多，想来也不惧他。那样孟子就能读到亚里士多德的《形而上学》等著作，而后者也可以领教到孟子的雄辩了。亚里士多德满腹百科全书式的知识会给百家争鸣的古代中国带来什么样的影响呢？

虽然十分期待，但还是那句话，历史没有假设。

这一则，我们用了互文的写法，你们看懂了吗？

淡而有味

子曰：“辞达而已矣。”

孔子说：“言辞，达意即可。”

孔子的话总是淡而有味。

言辞，能表达意思就好了，何必多修饰？林语堂先生举过一个有趣的例子："有一个左派仁兄说：'她是他第一个哥哥的太太。'这是怎么一回事呢？难道这位仁兄连'大嫂子'这个词也不懂吗？"

如果不是为了制造喜剧的效果，大约没人会那样写。

你看那些最耐咀嚼的文字，几乎都如白水一般，真的就只是达意而已，遣词用句都极为平实普通。怀念鲁迅先生的文章那么多，各有风格，可是最后被选入教材的，就只有萧红女士写的《怀念鲁迅先生》；文起八代之衰的韩愈所写的《祭十二郎文》，只是叙述日常生活中的衣、食、住、行等琐事，却让人越读越不能自已，被认为是最好的文章之一；许地山写过一篇《落花生》，还是我小学时候的课文，如今大约早已改掉了吧，可是过去这么多年，我还是忘不掉。这些文字，学生时期不大能体会到好处，一定要经过岁月的酝酿才能品出无穷滋味。

"辞达而已矣。"我很喜欢这语气，有种不经意间的淡淡洒脱与不屑。衣，保暖而已；食，适口而已；住，舒心而已……一部高档手机，70% 的功能都是没用的；一款高档轿车，超出安全法规规定的速度都是多余的；一幢豪华别墅，70% 的面积都是空闲的；一大堆会议，70% 是和自己无关的……

岂止是言语不需要太多修饰，生活也不需要太多修饰，生命也不需要太多修饰。有繁华，必有萧瑟；有红颜，必有白发。方是落英缤纷，又见黄叶满地。繁华落尽，乃见真纯。要先返璞，才能归真。

简单隽永的话语，如同一盆淡淡的月季，看着，就想去轻嗅；念着，就想它的好；回味着，就有一股甜甜的香气在心间弥漫。正是美酒饮到微醉处，好花看到半开时。又如下雪不撑伞，一路到白头。

季氏篇第十六

祸起萧墙

季氏将伐颛臾。冉有、季路见于孔子曰："季氏将有事于颛臾。"

孔子曰："求，无乃尔是过与？夫颛臾，昔者先王以为东蒙主，且在邦域之中矣，是社稷之臣也。何以伐为？"

冉有曰："夫子欲之，吾二臣者皆不欲也。"

孔子曰："求！周任有言曰：'陈力就列，不能者止。'危而不持，颠而不扶，则将焉用彼相矣？且尔言过矣，虎兕出于柙，龟玉毁于椟中，是谁之过与？"

冉有曰："今夫颛臾，固而近于费。今不取，后世必为子孙忧。"

孔子曰："求！君子疾夫舍曰欲之而必为之辞。丘也闻有国有家者，不患寡而患不均，不患贫而患不安。盖均无贫，和无寡，安无倾。夫如是，故远人不服，则修文德以来之。既来之，则安之。今由与求也，相夫子，远人不服，而不能来也；邦分崩离析，而不能守也；而谋动干戈于邦内。吾恐季孙之忧，不在颛臾，而在萧墙之内也。"

季氏将要攻打颛臾。冉有、子路去见孔子说："季氏要攻打颛臾了。"

孔子说："冉求！难道不应该责备你吗？颛臾，从前周天子让它主持东蒙的祭祀，而且它已经在鲁国的疆域之内，是国家的臣属啊，为什么要攻打它呢？"

冉有说："季孙大夫想去攻打，我们两个人都不愿意。"

孔子说："冉求！周任有句话说：'尽自己的力量去负担你的职务，实在做不好就辞职。'有了危险不去扶助，跌倒了不去搀扶，那还用辅助的人干什么呢？而且你说的话错了。老虎、犀牛从笼子里跑出来，龟甲、玉器在匣子里毁坏了，这是谁的过错呢？"

冉有说："现在颛臾城墙坚固，而且离费邑很近。现在不把它夺取过来，将来一定会成为子孙的忧患。"

孔子说："冉求！君子痛恨那种不肯实说自己想要那样做而又一定要找出理由来为之辩解的行为。我听说，对于诸侯和大夫，不怕分得少，而怕分配不均；不怕贫穷，而怕不安定。由于分配均匀了，也就没有所谓贫穷；大家和睦，就不会感到人口少；安定了，也就没有倾覆的危险了。因为这样，所以如果远方的人还不归服，就用仁、义、礼、乐招徕他们；已经来了，就让他们安心住下去。现在，仲由和冉求你们两个人辅助季氏，远方的人不归服，而不能招徕他们；国家支离破碎，你们不能保全，反而策划在国内使用武力。我只怕季孙的忧患不在颛臾，而是在自己的内部呢！”

我们先来解说一下字词。“无乃”，这个词要分开看，“无”就是“不、非”，表否定的意思；“乃”，这个字作用可重要了，请牢牢记住——它就是凑个音节充个数，什么实际意义也没有，哈哈。也不算戏弄你，影视剧中的必备龙套店小二你说有什么实际作用？可少了他行吗？你一开口，尽管你说的是普通话，可他必能迅速反应：“客官，听您的口音不是本地人吧？”于是剧情就此展开。“无乃”合起来表示“不是”的意思。

“求，无乃尔是过与？”冉求，不是你的错啊！夫子还真是善解人意。当然不是这样的！

这个词一般要和句末的语气词联用，形成一个固定结构，委婉地表示对某一事情的估计或看法，相当于现代汉语的“恐怕”“只怕”“大概”的意思。语气上比较缓和，符合夫子的性格，温良恭俭让，不必大吵大嚷。

“尔是过”，不能理解为尔之过（你的错）。原因是依据古人的语言使用规律，如果“尔”翻译为“你的”的话，即是表领属，这个时候就极少再加上别的虚词了。这里的“尔”就是“你的”之意，所以“是”字便不是虚词了，而是一个表示宾语提前的结构助词。“尔是过”，把语序调整过来，即“过尔”，“过”作动词，“过尔”就是责备你的意思。

责备他什么呢？

在编纂《春秋》时使用春秋笔法的孔子，用词一向是极为严谨的。颛臾是鲁国的附庸国，如果真的该打，可以用什么字呢？《孟子》中说：“征者，上伐下也。”“征”字多用于上对下的惩治，也有远行的意思。而另一个字“讨”，则有宣布罪行并加以抨击的意思。所以此处用“征伐”最好，表明上君惩治下臣，名正言顺。用“征讨、讨伐”也行，都表明了战争的正义性。可是此处却只用了一个“伐”字。“伐”的本义是用戈砍人头，指进攻，没什么明显的感情色彩。孔子认为这是一次不应该的行动，前面也已经说明了原因，从前周天子让颛臾主持东蒙祭祀，而且它已经在鲁国的疆域之内，是国家的臣属，你去伐它做什么呢？

当然，也可能就是我们想多了，孔子只是随便说说而已。

他责备冉求的是：你身为儒家门生，现在是季氏家臣，现在他要做这样不合道义的事，你怎么不阻拦？我平时教你的道理都忘了吗？即使明知不可为，也要为之啊。

冉求的第一次辩白是：我们也不想的，但我们是臣子，做不到啊。

孔子则反驳了八个字：“陈力就列，不能者止。”这是在教冉求臣道。天有天道，人有人道，君有君道，臣也有臣道。后世的儒家名流荀子就曾写过一篇文章，专门讨论怎么做臣子。他认为，作为大臣，应该做到顺、敬、忠三个字，而其中的忠又是分等级的，有头等的忠臣，有次一等的忠臣，有下等的忠臣，还有国家的奸贼。用正确的原则熏陶君主而感化他，是大忠；用道德来调养君主而辅助他，是次忠；用正确的主张去劝阻君主的错误却触怒了他，是下忠；不顾君主的荣辱，不顾国家的得失，只是苟且迎合君主，无原则地求取容身，以此来保住自己的俸禄，并且豢养结交党羽的，是国家的奸贼。像周公对于周成王，可以说是头等的忠臣了；像管仲对于齐桓公，可以说是次一等的忠臣；像伍子胥对于夫差，只能说是下等的忠臣；像曹触龙对于商纣王，那就是国贼了。

以此观之，冉求现在很明显连下忠都不够，处于下忠和国贼之间。

你处在这个职位上，就必须完成这个职位所对应的责任，必须尽力，不然就别做，这就叫敬事。

冉求没办法反驳，于是又换了个角度，这回就露出权谋的本色了，完全从利益的角度出发考虑问题，所以才有这样的决定。但冉求估计是还没睡醒，难道你忘了夫子是以仁为核心来处事育人的吗？你用利益来为自己辩护，这不正好是撞枪口上了吗？

果然，“君子疾夫舍曰欲之而必为之辞”！想要就是想要，不要找借口。接着一如既往地谈了国家应该把重心放在德的建设上，“则修文德以来之。既来之，则安之。”德的作用是否真的这么大？夫子总谈仁义道德是否有些不切实际？这个我们先不管，至少，孔子的最后一句话一语中的，深深刺中了季孙的心。萧墙指的是古代宫室内作为屏障的矮墙，又叫“塞门”，和后世民居大门内的照壁有点类似，主要用于遮挡视线，防止外人向大门内窥视。萧墙之内就是宫室，臣子进入宫室晋见君王前，首先要经过萧墙，在此整理仪范。当时季孙把持实权，和鲁君矛盾很大，也知道鲁君想要对付他，夺回权柄。他担心颛臾凭借着地理优势帮助鲁君，于是要先下手为强，这才决定攻打颛臾。

孔子说完这话不久，季氏兄弟内部果然出了乱子，可见夫子的先见之明。后人根据这个典故，把内部祸乱称作“萧墙之祸”，或称为“祸起萧墙”。

阳货篇第十七

我们老师有一本《〈论语〉选读教师用书》，编写者自然是用心的，将《论语》中的内容以专题形式做了分类整理，这样当然带来许多便利。不过，我觉得一个人编排一本书总是依据一定的原则来取舍、安排次序的，这种编排上便可以体现出他自己的想法。孔门弟子又怎么会不通文学？他们在编纂整理孔子非一时一地所说的言语时，想必也是有自己的原则的。那么本篇我们便采取一种语文老师们都很熟悉，但是对于《论语》而言又比较特别的解说方式——串讲。

吾将仕

阳货欲见孔子，孔子不见，归孔子豚。

孔子时其亡也，而往拜之。

遇诸途。

谓孔子曰："来！予与尔言。"曰："怀其宝而迷其邦，可谓仁乎？"曰："不可。——好从事而亟失时，可谓知乎？"曰："不可。——日月逝矣，岁不我与。"

孔子曰："诺，吾将仕矣。"

阳货想要孔子来拜会他，孔子不去，他就送给孔子一头蒸熟的乳猪（使孔子到他家来道谢）。

孔子在阳货不在家的时候去拜谢他。

却不巧在半路遇到阳货。

阳货对孔子说："来！我同你说话。"阳货说："把自己的本领藏起来却听任国家迷乱，这可以叫作仁吗？"（孔子没吭声）阳货便自己接口道："不可以。一个人喜好参与政事却又屡次错过机会，这是聪明吗？"（孔子依旧沉默）阳货接着说："不可以。时光一天一天地消逝，岁月不等人啊。"

孔子这才说："好吧，我将要去做官了。"

开篇的第一则事情，就犹如作文题中给出的材料，从这个材料里面能看出的话题便是是否出仕的问题。

正式解说之前先研究一下猪的问题。"豚"通常指小猪，你也可以谦称自己的儿子为豚儿。而"彘"是大猪，鸿门宴上樊哙曾生啖项羽赐下的一只生彘肩（大猪肘子），够气魄，被项羽称为壮士。“豕”是一个象形字，甲骨文象猪形，长吻、大腹、四蹄、有尾，属于猪的统称。还有一个字比较生僻，就是“彘”的上半部分——彑（音既），这其实也是一个字，猪头的意思。

接下来我们研究人，阳货想要孔子来拜会他，但又担心孔子拒绝，便趁孔子不在家的时候送去了一只蒸小猪。因为依据当时礼俗，“大夫有赐于士，不得受于其家，则往拜其门”，所以孔子是要“往拜其门”的。但孔子也好玩，打听到阳货不在家的时候往阳货家拜谢，不料却在半路上遇见了。

阳货一上来就对孔子说：“来！予与尔言。”很简单的几个字，采用白描的手法，连语气词都不用，却活现出人物那种满不在乎、没有礼貌的神态，语感多好。在孔子作了答复以后，他就对孔子说，人空有一身本事，却不管国家的事情，难道可以说是仁吗？夫子无语。阳货倒也不尴尬，自问自答，不行的。那一个人喜欢做官，却总是错过机会，可以说是聪明吗？夫子依旧沉默是金。对方再次自己和自己对话，不行的，时光一去不复返啊。孔子终于开口了：“诺。”这个词我觉得十分生动形象，可以想象得到夫子之前大概一直低眉顺目，看着听进去了其实压根儿没往心里去，此刻方才恍然大悟似的说：对啊！我打算做官了。

其实孔子之前也是有许多机会出仕的，但他都没有出来做官，这次竟然答应了，那么他会不会真出来为官呢？我们看下面的两则。

上知下愚两不移

子曰：“性相近也，习相远也。”

子曰：“唯上知与下愚不移。”

孔子说：“人性情本相近，因为习染不同，便相去悬远了。”

孔子说：“只有上等的智者和下等的愚人是改变不了的。”

人的本性虽然大致差不多，但是后来形成的性格志趣却是各不相同，你爱江山，我爱美人，人各有志，勉强不得。孔子肯定不是下愚，那么自然就是上知了（虽然他自己从不这样说），这样的人，是改变不了的。什么改变不了？心中的原则改变不了，能改变的，那就不叫原则了。所以什么时候出来做官，孔子有自己的权衡，不会因为阳货的几句话就改变的。根据史书记载，孔子并未仕于阳货。

玩笑而已

子之武城，闻弦歌之声。夫子莞尔而笑，曰：“割鸡焉用牛刀？”

子游对曰：“昔者偃也闻诸夫子曰：‘君子学道则爱人，小人学道则易使也。’”

子曰：“二三子！偃之言是也。前言戏之耳。”

孔子到了武城，听到弹琴唱诗的声音。微微笑道：“杀鸡，何必用宰牛的刀？（治理这个小地方，用得着教育吗？）”

子游回答：“从前听老师说过，君子学习了，就会有仁爱之心；百姓学习了，就容易听指挥。（教育总是有用的。）”

孔子便向学生们道：“二三子！言偃的话是对的。我刚才那句不过是玩笑罢了。”

不觉得把这一则事情编排在这里，最有味道的就是最后一句吗？除了能够体现出孔子随和自然的态度外，是不是也照应了前面的“吾将仕矣”呢？

那不过也是一句笑谈，不要当真。

时机到了，就出来尽力做事；相反，时机还未到的时候，就要懂得坚守与拒绝。这种拒绝之于文学，我想引一下我所尊敬的鲁迅先生拒绝诺奖的事情。我们似乎太急着用诺贝尔奖来肯定自己了，尤其在文学上，但并不是所有人都如此。

英国作家萧伯纳就曾拒绝过这一奖项。1925 年，诺贝尔文学奖落到了他的头上，但他认为，该奖只不过是“抛给那些已经渡过苦海的人们的救生圈而已”，这笔奖金给他“一定是因为我这个时期没有写出什么东西”，因而他拒绝领奖。虽然后来迫于舆论压力，他还是接受了。

1927 年，来自诺贝尔故乡的探测学家斯文·赫定到我国考察时，在上海了解到了鲁迅的文学成就以及他在中国文坛的巨大影响。这位爱好文学的瑞典人便与刘半农商量，准备推荐鲁迅为诺贝尔文学奖候选人（是提名）。刘半农托鲁迅的好友台静农去信征询鲁迅的意见，鲁迅回复了一封信，婉言谢绝了。信的内容如下：

静农兄弟：

九月十七日来信收到了，请你转告半农先生，我感谢他的好意，为我，为中国。但我很抱歉，我不愿意如此。诺贝尔赏金，梁启超自然不配，我也不配，要拿这钱，还欠努力。世界上比我好的作家何限，他们得不到。你看我译的那本《小约翰》，我哪里做得出来？然而这作者就没有得到。

或者我所便宜的，是我是中国人，靠着“中国”两个字罢，那么，与陈焕章在美国做《孔门理财学》而得博士无异了，自己也觉得可笑。

我觉得中国实在还没有可得诺贝尔奖赏金的人，瑞典最好不要理我们，谁也不给。倘因为黄色脸皮的人，格外优待从宽，反足以长中国人的虚荣心，以为真可以与别国大作家比肩了，结果将很坏。

我眼前所见的依然黑暗，有些疲倦，有些颓唐，此后能否创作，尚在不可知之数。倘这事成功而从此不再动笔，对不起人；倘再写，也许变了翰林文学，一无可观了。还是照旧的没有名誉而穷之为好罢。

鲁迅先生就是鲁迅先生，人如其文，若为此而兴奋不已，汲汲奔走，那他的杂文我一定不愿再去读了。今天我们已经有诺贝尔文学奖的获得者了，这总是件值得高兴的事。

这番玩笑话之后，又有两个人想要请孔子帮助自己做事。

权变

公山弗扰以费畔，召，子欲往。

子路不说，曰：“末之也已，何必公山氏之之也？”

子曰：“夫召我者，而岂徒哉？如有用我者，吾其为东周乎？”

佛肸召，子欲往。

子路曰：“昔者由也闻诸夫子曰：‘亲于其身为不善者，君子不入也。’佛肸以中牟畔，子之往也，如之何？”

子曰：“然，有是言也。不曰坚乎，磨而不磷；不曰白乎，涅而不缁。吾岂匏瓜也哉？焉能系而不食？”

公山弗扰盘踞在费邑图谋造反，叫孔子去，孔子准备去。

子路很不高兴，说道："没有地方去就算了，为什么一定要去公山氏那里呢？"

孔子说："那个叫我去的人，难道是白白召我吗？假如有人用我，我将使文王、武王之道在东方复兴。"

佛肸叫孔子，孔子打算去。

子路道："从前我听老师说过：'亲自做坏事的人那里，君子是不去的。'如今佛肸盘踞在中牟谋反，您却要去，怎么说得过去呢？"

孔子说："对，我说过这话。但是，你不知道吗？最坚固的东西，磨也磨不薄；最白的东西，染也染不黑。我难道是匏瓜吗？哪里能够只是被悬挂着而不给人吃呢？"

公山弗扰和佛肸这两个人都有些政治问题，和谋反叛乱有些牵连，所以子路很不理解老师的做法，为什么这会儿又要去了？这不是反复无常吗？

不，这不是反复无常，这叫作"权"。"权"就是秤锤，通过它的左右移动，可以使秤达到平衡，所以我们把一个人能够灵活应对各种情况、适时改变做法以达到平衡的行为叫作"权变"。

这里体现的就是孔子的权变思想。他去，并不是要帮助人家谋反；他去，大约是因为对方的情况和阳虎不同，自己可以有所作为。总之，不拘泥，如水一样，随物赋形。但要注意，权变可不是胡乱地变、不讲原则地变，而是要既讲原则又不失灵活性地变，是一种极其高明的处世境界。前面我们已经知道孔子心中有一个不移不变的原则，所以孔子可以这样做，而你不能。

怕你还看不出这一点，所以这两则之间又插入了下面一条。

五行归仁

子张问仁于孔子。孔子曰：“能行五者于天下为仁矣。”

“请问之。”曰：“恭、宽、信、敏、惠。恭则不侮，宽则得众，信则人任焉，敏则有功，惠则足以使人。”

子张向孔子问仁。孔子说：“能够处处实行五种品德，便是仁人了。”

子张问：“请问哪五种。”孔子道：“庄重、宽厚、诚实、勤敏、慈惠。庄重就不致遭受侮辱，宽厚就会得到众人拥护，诚实就会得到别人任用，勤敏就会工作高效，慈惠就能够使唤人。”

在这里重申夫子心中的原则——仁，可谓非常及时。前有想谋反的公山弗扰找孔子，后有做坏事的佛肸找孔子，而孔子竟然还都答应了。作为读者的我们自然十分担心，孔子此刻正走在危险的边缘，是一时糊涂还是早有预谋，只是到此时方显露？孔子竟然隐藏得这样深？难道他才是《论语》中的终极 boss？

本则就告诉我们了，孔子并未忘记仁，并且说能够做到恭、宽、信、敏、惠这五种行为的人就是仁人。

这五种行为形成的结果：不侮、得众、人任、有功、使人，是不是都与治理有关？这显然就是在告诉你如何才能成为一个好领导，可以看作夫子版的领导力修炼手册。如果不想有所作为，何必如此？“如有用我者，吾其为东周乎？”绝非虚语也。

闲话一句，对比一下。孔子提倡“惠则足以使人”，先规范自己的行为，做到慈惠，然后人们才愿意听你的话。这是尊重人心，尊重人。而法国心理学家勒庞则写了一本书，他认为，群体具有感性、盲目、易变、情绪化等特点，通过暗示、断言等手段，群众完全可以被操控。该书的名字被译为《乌合之众》，据说被许多人奉为真理。不知你更欣赏谁的观点。

能不忘记仁，又能做到这些，当然可以通达权变。不仅不会被环境所影响，还会反过来对环境施加积极的影响。子路虽然信任老师，但却不理解变通之道，因为他本身性格就很直，所以夫子接下来就要教导他。

六言六蔽

子曰：“由也！女闻六言六蔽矣乎？”对曰：“未也。”

“居！吾语女。好仁不好学，其蔽也愚；好知不好学，其蔽也荡；好信不好学，其蔽也贼；好直不好学，其蔽也绞；好勇不好学，其蔽也乱；好刚不好学，其蔽也狂。”

孔子说：“仲由！你听过有六种品德便会有六种弊病吗？”子路回答：“没有。”

孔子道：“坐下！我告诉你。爱仁德，却不爱学问，弊端就是容易被人愚弄；爱耍小聪明，却不爱学问，弊病就是放荡而无基础；爱诚实，却不爱学问，弊病就是（容易被人利用，反而）害了自己；爱直率，却不爱学问，弊病就是说话尖刻，刺痛人心；爱勇敢，却不爱学问，那种弊端就是捣乱闯祸；爱刚强，却不爱学问，弊端就是胆大妄为。”

夫子的回答中，体现出一种非常重要的思维方式。

《追忆似水年华》这部长篇巨著被誉为二十世纪最重要的文学作品之一，凭借其出色的心理描写和卓越的意识流技巧而风靡世界，现在我们有目的地截取几处心理描写：

——我觉得她爱我。我们已经在一段关系中，她牵过我的手，她吻过我。她是爱我的。

——然而，很多时候，我禁不住思考这样一个问题，她究竟喜欢我什么？或者说，我的什么特质让她喜欢。我没有她想要的幽默气质，甚至，我不像她想的那样会在她需要的时候出现。终于有一点，我发现了一点，我没有什么值得让她喜欢的——没有。

——这些思绪让我的许多信念在一瞬间崩塌——她不爱我——可是，分明，在刚才我还坚信她爱我的？

很纠结是吧？但也很富有张力，描述出一种感情和心理怎样转变成另外一种感情和心理，展示了心理流动的过程和多样性。这里面先是肯定她的爱，然后又看到了其中包含着不爱的因素，看到了对爱的否定。能够注意到事物自身的矛盾性，能够看到事物内部潜藏着一种否定它自身的因素，这种思维，我们可以称之为辩证式思维。托尔斯泰在他的小说《复活》《安娜·卡列尼娜》中也有这样出色的心理描写，被称为心灵辩证法。

仁德、聪明、诚信、直率、勇敢、刚强，这都是很好的美德（子路怎么说也占了三样有余），可是孔子却看到了其中所蕴含的另一面，提醒子路说，如果不好学，不以学问来节制、培养它们，天生的美质就可能会走向反面，可见好学的重要。

那么学什么呢？问得好，下面三则编排在这里回答得恰到好处。

诗的精神

子曰："小子何莫学夫诗？诗，可以兴，可以观，可以群，可以怨。迩之事父，远之事君；多识于鸟兽草木之名。"

孔子说："学生们为什么没人研究诗？读诗，可以培养联想力，可以提高观察力，可以锻炼合群性，可以学得讽刺方法。近呢，可以运用其中的道理来侍奉父母；远呢，可以用来服侍君上；而且还可以多多认识鸟兽草木的名称。"

子谓伯鱼曰："女为《周南》《召南》矣乎？人而不为《周南》《召南》，其犹正墙面而立也与？"

孔子对伯鱼说："你研究过《周南》和《召南》了吗？人假若不研究《周南》和《召南》，那会像正面对着墙壁而站着罢了！"

子曰："礼云礼云，玉帛云乎哉？乐云乐云，钟鼓云乎哉？"

孔子说："礼啊礼啊，仅仅是指玉帛等礼物而说的吗？乐呀乐呀，仅仅是指钟鼓等乐器而说的吗？"

学习《诗经》就对了啊，我们中国文化具有一种诗性的精神。

你看古代没有《圣经》，但是我们有《诗经》，这种以诗为经的现象，大约为华夏文化所独有，这也与我们的语言有关。据说老外初学汉语时都非常开心，觉得这种语言太好掌握了，一点儿也不复杂，没有那么多时态，动词也没有复杂的变化，名词更不用区分什么阴性、阳性。然而一段时间过后，就彻底疯了，怎样才能准确地表达出一个意思呢？几乎没有任何语法规则，怎样说都行，每个词的位置似乎都不固定，仅仅是声调变一下意义就不同了，天哪，怎么会有这么变态的语言！想我大汉语词汇多义模糊，语法灵活随意，语音上还具有音乐性，这些的确都不太利于清晰准确地表意，但却天然地和艺术亲近，中国人自古以来就以一种诗的态度和感受温柔地对待着这个世界。

孔子为《诗经》总结的这四个作用，对后世诗论影响深远。中文系的同学都知道，兴、观、群、怨四个字都可以做博士论文了。

可是许多人学诗学得很呆板。他们很勤奋、很认真，甚至能够背诵整本《诗经》。你看在一些知识竞赛类的综艺节目上，许多人的记忆力那么好，无论怎样出题，他都能背诵出上下句。可我常不自觉地想，这样其实是把诗词当作一种智力游戏。如果忽略，或者全然不理解诗歌中的精神，那意义何在？这样怎么叫学习呢？所以孔子提醒说，难道讲礼乐就只是说钟鼓玉帛这些物质形式吗？当然不是的。诗当然也不是只停留在字面意思上。

据说从前有个人喜欢吟诗作对，一天，他有事外出，半夜时分才回家。进院后，他把柴门关好，朝居室走去。这时他的妻子刚好没睡着，就问："你是谁？"他答应着走进房去。过一会儿，他觉得刚刚这个情景很有生活趣味，意境不错，便即兴写下一首诗："半夜三更子时归，关门闭户掩柴扉。老婆贱内妻子问，你是哪个何人谁？"

很好玩吧，每句含有三个词，三个词却都是同一个意思，虽然啰唆得可爱，但这毕竟不是诗啊。一首诗之所以成为诗，是因为它有诗的精神。比如这首："出其东门，有女如云。虽则如云，匪我思存。"白话意思就是：漫步城东门，美女多如云。虽然多若云，非我所思人。

当然，你也可以这样文艺地翻译它：

走出城的东门，

尽管那里有一千个美丽的女子走过，

我也能听出你的脚步声。

因为其他九百九十九个人的脚步

都踏在地上，

而你的脚步，

却是踩在

我的心里。

它写的，是眼中只有心上人的美好情感，是一首爱情诗，这固然没错，但仅仅如此吗？我可不可以引申一点去理解？这个女子的形象是不是有什么寄托？是不是诗人理想的化身？当然也可以啊。这就是诗的精神。

春秋时期的外交场上，许多人都会引用《诗经》中的句子来问答，十分有味道。

以上是就正面说的，那么如果没有学到这种诗的精神，没有用学问来修饰节制，会怎么样？大约就是孔子之前所说的六种弊端了。下面便以人为例具体说明，生动形象，还一口气连举数例：

子曰："色厉而内荏，譬诸小人，其犹穿窬之盗也与？"

子曰："乡原，德之贼也。"

子曰："道听而途说，德之弃也。"

子曰："鄙夫可与事君也与哉？其未得之也，患得之。既得之，患失之。苟患失之，无所不至矣。"

子曰："古者民有三疾，今也或是之亡也。古之狂也肆，今之狂也荡；

古之矜也廉，今之矜也忿戾；古之愚也直，今之愚也诈而已矣。"

孔子说："表面严厉，但内心怯懦，若用坏人做比喻，这种人就像挖洞爬墙的小偷吧？"

孔子说："没有真是非的好好先生是足以败坏道德的小人。"

孔子说："在路上听到传言就到处传播，这是应该抛弃的作风。"

孔子说："粗鄙的人，难道可以和他共事吗？他在没有得到的时候，总担心得不到。得到之后，又担心失掉它。一个人总是担心失掉什么，就会什么事情都做得出来。"

孔子说："古代的人有三种缺憾，现在恐怕没了。古代的狂是肆意直言，现在的狂是放荡不羁；古代的矜持是不容触犯，现在的矜持是蛮横无理；古代的愚笨是直率，现在的愚笨却只是欺诈耍手段罢了。"

这些人中有色厉内荏的小人，有左右逢源、摇摆不倒、大家都喜欢的好好先生，有道听途说四处传播的八卦达人，也有患得患失的小公务员，以及带有狂、矜、愚这三种毛病的当代人。这些人，都不能够用学问修养自身，也许身上本来有很好的潜质，最后却都走向了反面。然后用一句话总结，这几类人也许表面仁德，但实际上：

子曰："巧言令色，鲜矣仁。"

孔子说："花言巧语、态度伪善的人，少有仁德的。"

社会上这些人多了，也许还会造成很严重的后果：

子曰："恶紫之夺朱也，恶郑声之乱雅乐也，恶利口之覆邦家者。"

孔子说："我厌恶紫色取代大红色的光彩和地位，厌恶郑国的音乐扰乱了典雅的音乐，厌恶强嘴利舌颠覆国家的人。"

接下来编入一则孔子的感叹，很有一点儿无奈。

无言之教

子曰："予欲无言。"子贡曰："子如不言，则小子何述焉？"子曰："天何言哉？四时行焉，百物生焉，天何言哉？"

孺悲欲见孔子，孔子辞以疾。将命者出户，取瑟而歌，使之闻之。

孔子说："我不想再说什么了。"子贡说："您如果什么也不说，那我们传述什么呢？"孔子说："老天说了什么吗？四季照样运行，万物照样生长，天又说了什么吗？"

孺悲想要见孔子，孔子推说有病，拒绝接待。传话的人刚出门，孔子却取来瑟边弹边唱，故意让孺悲听见。

反正能改变的事情是那样得有限，纵使我说得再多又能怎么样呢？"无言之教"也是一种教育方式，由花木山水而悟天地人生，效法天地，何其大哉。

接下来的孺悲见孔子一事放在这里可谓妙极了，让你看看什么叫作"无言之教"。

许多人说这章不可解，但从一个老师的角度和前面的语境来看，我倒

可以理解为装饰品。他四十岁时考虑要不要从政，结果占到贲卦。山下有火，表示他已具备光明之德，奈何外面是山，阻止他前往，即使去了也只能做个装饰品，没有实权，无法发挥抱负。于是夫子顺应天命，退而修诗书，研究文化去了，然后就影响了中国两千多年。

事出有因，查无实据，信不信由你。

至此，本篇就结束啦。用这种串讲的角度多少读出了一些新鲜的东西，但估计会被人黑得不轻吧？下一篇我们还是老老实实地回归日常，继续轻松活泼话《论语》。

微子篇第十八

万人如海一身藏

楚狂接舆歌而过孔子曰："凤兮凤兮！何德之衰？往者不可谏，来者犹可追。已而，已而！今之从政者殆而！"

孔子下，欲与之言。趋而辟之，不得与之言。

楚国的狂人接舆唱着歌从孔子的车旁走过，他唱道："凤凰啊，凤凰啊！你的德运怎么这么衰弱呢？过去的已经无可挽回，未来的还来得及改正。算了吧，算了吧！今天的执政者危乎其危！"

孔子下车，想同他谈谈，他却赶快避开，孔子没能和他交谈。

长沮、桀溺耦而耕，孔子过之，使子路问津焉。

长沮曰：“夫执舆者为谁？”

子路曰：“为孔丘。”

曰：“是鲁孔丘与？”

曰：“是也。”

曰：“是知津矣。”

问于桀溺。

桀溺曰：“子为谁？”

曰：“为仲由。”

曰：“是鲁孔丘之徒与？”

对曰：“然。”

曰：“滔滔者天下皆是也，而谁以易之？且而与其从辟人之士也，岂若从辟世之士哉？”耰而不辍。

子路行以告。

夫子怃然曰：“鸟兽不可与同群，吾非斯人之徒与而谁与？天下有道，丘不与易也。”

长沮、桀溺在一起耕种，孔子路过，让子路去问渡口在哪里。

长沮问子路：“那个驾车的是谁？”

子路说：“是孔丘。”

长沮说：“是鲁国的孔丘吗？”

子路说：“是的。”

长沮说：“那他早已知道渡口的位置了。”

子路再去问桀溺。

桀溺说：“你是谁？”

子路说："我是仲由。"

桀溺说："你是鲁国孔丘的门徒吗？"

子路说："是的。"

桀溺说："像洪水一般的坏东西到处都是，你们同谁去改变它呢？而且你与其跟着躲避人的人，为什么不跟着我们这些躲避社会的人呢？"说完，仍旧不停地做田里的农活。

子路回来后把情况报告给孔子。

孔子怅然道："人是不能与飞禽走兽合群共处的，如果不同世上的人群打交道，还与谁打交道呢？如果天下太平，我就不会与你们一道来从事改革了。"

子路从而后，遇丈人，以杖荷蓧。

子路问曰："子见夫子乎？"

丈人曰："四体不勤，五谷不分。孰为夫子？"植其杖而芸。

子路拱而立。

止子路宿，杀鸡为黍而食之，见其二子焉。

明日，子路行以告。

子曰："隐者也。"使子路反见之。至，则行矣。

子路曰："不仕无义。长幼之节，不可废也；君臣之义，如之何其废之？欲洁其身，而乱大伦。君子之仕也，行其义也。道之不行，已知之矣。"

子路跟随孔子周游列国，落在了后面，遇见一位老人，用拐杖挑着除草工具。

子路问他："您看见了我的老师了吗？"

老人说："四肢不劳动，五谷不认识，谁是你的先生？"（说完）扶着拐杖便去除草。

子路拱手在一旁站立。

老人留子路到他家过夜，杀鸡做饭给子路吃，又让他的两个孩子见了子路。

第二天，子路赶上孔子，告诉了他这件事。

孔子说："这是一位隐者。"派子路回去再拜见他。子路到了那里，这个老人却已经离开了。

子路说："这个人不做官，没有道理啊。长幼之间的秩序既然不能废弃，君臣之间的关系又怎么能废弃呢？为了自身的纯洁，却破坏了最根本的伦理关系。君子做官，是为了施行大的道义。但大道义行不通，我们也已经知道了。"

本篇主要记录的是隐士，以及孔子和弟子遇见这些隐士之后发生的一系列对话。每次相见，都是隐士们显得更主动，甚至咄咄逼人。

孔子对他们都很尊敬，虽然并不同意他们的作风。

隐士也叫"逸民""幽人""高士""处士"等，是江湖上一个很神秘的团体，你一般察觉不到他们的存在，可往往又会觉得，他们其实就在你的身边。小区中扫地的大妈很可能内力惊人；大门口的门卫眼神中精光内敛；出租车司机可以一边潇洒地开车一边和你随意地聊天，这其实很可能是分心二用合击之法，乃五绝之一周伯通的绝技。而谁又敢说，与你擦肩而过的公园晨练大爷不是一位太极高手呢？

话说早在唐尧时代，尧想把天下传给一个人，名叫许由，可他不但不肯接受，还很愤怒：天哪，我的耳朵！竟然听到了这么污的事情，这可怎么办？于是赶紧跑到颍水边上去洗。但是你以为你就是最爱洁的人了吗？错，一山还有一山高，能人背后有能人。正当许由在颍水边洗耳朵的时候，有一个人牵着牛来水边饮水，这个人就是巢父。他问许由在干什么，许由就把唐尧想把天下让给他的事情说了一遍。巢父听了也很生气，说："你在河里这么一洗，不是把河水都弄脏了吗？那我的牛还怎么喝水？"可能后人觉得这两个最早的隐士太能作了，所以不大信，司马迁就不辞辛苦地跑到许由死后埋葬的地方实地考察了一下，然后在《史记》中写道："盖有许由冢云。"我看到了他的墓，这应该是真的了，可你为什么要用一个表示推测语气的"盖"字呢？

接下来我们推测一下隐士集团的战斗力如何。

隐士们通常都在不知不觉中左右了历史的走向，而世人根本无法得知，其行事之高，手段之隐，令人赞叹。比如刘备访卧龙时于山间遇到的那位唱歌的樵夫，他说歌词是卧龙所教授，成功地激起了刘备对孔明的好奇与渴慕之心，引出后来的一段风云际会。但之后书中就再也没有了他的身影。而屈子投江之前，一个渔夫突然出现，唱了一首"沧浪之水清兮，可以濯吾缨。沧浪之水浊兮，可以濯吾足"这样的歌给他听。这很难说是劝他不要死还是激励他以死明志，后来屈子投汨罗，成就了青史上的不朽声名，而这名渔夫也没了踪迹。

有德有才，但由于某种原因没有进入官场；或者本来官做得好好的，由于某些原因离开了官场，在山林洞穴里隐居起来，就称为"隐士"，他们经常以渔、樵、耕、读四种身份出现。到了武侠小说中，最负盛名的就是金庸笔下大理皇帝的四大家臣了。这四人在皇帝出家后辞官追随，变成渔、樵、耕、读四大隐士高手，是一阳指的传人，战斗力爆表。当然了，毕竟不是主角，在主角出场之后就经常被虐了。

所以说，真正的隐士，战斗力都很不错。这里为什么要强调真呢？因为有些隐士，是以隐求仕，通过隐逸来博得名声以引起朝廷的关注，接着被征召，然后顺利做官，所谓“终南捷径”是也。唐代的卢藏用在考中进士后去了长安附近的终南山隐居，等待朝廷征召，后来果然以高士之声名被聘，授官左拾遗，他曾对友人指着终南山说：“此中大有嘉处。”还有另一类号称隐于庙堂的隐士，虽然做官，但完全不问政事，随波逐流，明哲保身，对国家危害最大。他们都是战五渣，算不得战斗力。

那么孔子军团的战斗力如何?

先分析龙头老大孔子本人。现在我们该对夫子的形象有一个正确的认识了，论身高一米九多，论力量能举国门之关，论技术更是了不得：干得了远程狙击（射），玩得了极品飞车（御），欣赏得了古典音乐（三月不知肉味），行政能力一流（治下路不拾遗，夜不闭户）。这是孔子吗?这是偶像啊！再看手下门徒，巅峰时期号称弟子三千，有七十二堂主（七十二贤），四大护法、十大金刚（四科十哲）。要知道，战国时一个小诸侯国才多少人?如果子路负责统率军队；公西华负责外交，联络诸侯，远取近攻；冉求负责地方行政与后勤；宰我搞宣传、招兵事宜；子贡全能，统筹一切。只要孔子一声吼，阿路，我们干吧。颠覆一个地方政权估计没问题。

那么下边就精彩了，当孔子和隐士们相遇，会怎样?

隐士们好像每次都能闻到孔子路过的气味，早早地在岔道口等候孔子，似乎专为和孔子交手。孔子遇到的这些隐士光看名字就知道不同凡响，什么接舆、长沮、桀溺、丈人，一看便知都不是真名，大概都是随便因事赋名，可见修为已经到了无名无我之境。

第一回合：

楚狂先发制人，以传音入密之功歌曰：“凤兮凤兮！何德之衰?往者不可谏，来者犹可追。已而，已而！今之从政者殆而！”后世陶渊明的《归去来辞》中就直接化用了这一句，可见这位狂人功力之深。各位看官，此招式名为旁敲侧击，虽然不会造成任何物理伤害，但是，岂不闻兵法云：攻心为上。他的目的，是动摇孔子的决心和意志。高手相争，心神和意志都在交锋，一旦出现空隙，必然处于下风，而一旦处于下风，想要再扳回来就比登天还难了。更为高明的是，楚狂一击即退，根本不给你还招的机会。“趋而辟之，不得与之言。”

回到车上的孔子即使不同意他的言论，却也必然会思考他说的话，这一思考，难免心中不快，已然被动摇心志了。该回合，隐士占上风，为后来的攻击铺垫好了基础。

第二回合：

长沮出手，告诉子路，那个人“知津矣”。此招名为一语双关，有投石问路的意思，为的是看看孔门中最能打的子路功力如何。子路的应对，可以说很稳健了——直接无视他。转头再问桀溺，桀溺的招式风格是硬开硬进，典型的外家拳打法，最直白了：我看你骨骼清奇，资质不错，别和什么孔子混了，跟我们走吧。这也太直接了，子路当然没答应，回去向孔子汇报了他们的功夫特点。夫子点评，内力不弱，招式也精妙，但输在心法啊。能力越大，责任越大，怎么能只顾自己，不管其他人呢？若人人都不在乎责任道义，这天下还能好起来吗？夫子随后将这一儒家大招的心法传授给了子路。这一回合，夫子胜。

第三回合：

丈人出马，一搭手就是进招，语气咄咄逼人：四体不勤，五谷不分。这两句话后来成为骂读书人的三大名言之一，另外两句分别是“百无一用是书生”和“手无缚鸡之力”。子路并不硬挡，而是借力打力，顺势而为，“拱而立”，恭敬地站着。效果立竿见影，走，咱们回家去边吃边聊。杀鸡做菜，黄米做饭，在当时是很好的招待了，因为黄米产量比较低，人们的主食是小米。饮食之间，想必不会你吃你的、我闷头吃我的，一定会有交谈。至于谈论了些什么，未见有记载，但从子路后来的话推测，应该就是道路的问题。子路的心法是：“君子之仕也，行其义也。道之不行，已知之矣。”和夫子的“明知不可为而为之”何其相似，孔子的心法，尽在其中，没有白传。

那么这一回合，谁胜谁负呢？这一回合，惺惺相惜，并无胜负，平局。

隐士对世道所持的看法与孔子不同，但他们私心又觉得孔子是天地之间难得的不俗之人，虽然道不同不相为谋，却产生了一种惺惺相惜的情感。因此，隐士对孔子的这种奚落，不仅是敬而远之的心理，更多的是惋惜与遗憾之情。

半开玩笑半认真地说了这么多，想必你已经看出来了，所谓夫子和隐士的交锋，其实是两种思想的碰撞。隐士，代表的是一种独善其身的悠游、恬淡文化，与孔子大济苍生、修己以安百姓的价值取向相矛盾。孔子其实并不反对隐士，《论语》中有多处谈到，天下无道，便选择归隐之路。在孔子那里，虽然有隐有现，有进有退，但进是第一位考虑的，退是第二位的，前者是仁，后者是智。

孔子和隐士之间的相遇与谈话，是锋芒毕露的傲气脊骨和安隐于世的仙风道骨之间的碰撞。孔子内心其实和这些隐士是一样的，但因为他心系天下，有不得不战的情怀，所以他明知不可为而为之。

一种是独善其身，一种是兼济天下，两种都很高贵，如果我们硬要区分一个高下呢？那么告诉大家一个佛家对阿罗汉与菩萨的区分：自觉、觉他者为菩萨，不仅自己觉悟，还要帮助他人也觉悟才行；而仅仅是自觉者，为阿罗汉。按照这个标准，孔子是菩萨位中人。

我向往隐士，但敬佩的，却是孔子。

子张篇第十九

这一篇的内容，主要由子张、子夏、子游、曾子、子贡五个人的言谈构成。为什么选他们五个人？因为《论语》到这里，已经接近尾声了，需要表明孔子思想的传承和对孔子的评价等内容。而以上几个人，刚好符合这样的要求。梁启超先生在《清代学术概论》中将孔门弟子分为两派：一派就是前三人和有若为代表的重视典章文物派；另一派则是曾子传下来的，经由子思、孟子发扬光大的重视内心修养派。

知行合一

子张曰："执德不弘，信道不笃，焉能为有？焉能为亡？"

子张说：“对于道德，行为不坚强，信仰不忠实，（这样的人）有他不多，没他不少。”

“弘”字的意思在前面已经解释过了，就是今天的“强”字，也就是刚强的意思。那么什么叫“执德不弘”？“执”通常解释为守，有个词叫“执着”，便是守住不放的意思，本来是佛教用语。在讲求放下的佛学中，当然有点贬义。但世间许多事，少了执着还真不行。

固守住道德，这程度已然很强烈了，还要如何才算刚强呢？答案是——还要“行”。

如果你只是相信，哪怕是再怎么强烈地相信，不去真正地实践就是不弘。儒家的学问，我们在开篇解说时就说明了，是做人做事的学问，并不是空谈礼义廉耻。难道孔子把大家召集到一起，居中而坐，眼前有夏花冬雪，远处有春山秋月，然后提出一个命题，比如仁，大家热烈讨论，各抒己见，互相辩驳，再然后夫子恰到好处地点评，妙语如珠，最后总结性发言，生动透彻，老师讲得很高兴，大家听得也很开心，然后就完了？

就完了？那叫什么学问！

你读书时感到书中的道理很对，但照着做了没有？“绝知此事要躬行”，没有？那你凭什么相信？你怎么会有自己的体会？没有体会，怎么会有反思省察？这些都没有，哪里来的修养？换句话说，知行合一了（其实最初提出这句话的是王阳明先生，但他提出的并不是我们今天使用的意思），才能算“有刚”，才称得上“弘”。

大家都比较熟悉一段话：“博学之，审问之，慎思之，明辨之，笃行之。”其中“笃行”是为学的最后阶段，既然想学有所得，就要努力履践所学，使所学最终有所落实。教语文的老师都有很深的体会，不落实，一切为零，任你如何苦心备课，学生们是不在乎的。“笃”也有忠贞不渝、踏踏实实、一心一意、坚持不懈的意思。

刚刚我们说了知行合一，那就继续以王阳明先生的事情为例来说明吧。在江西的时候，他属下一个管理刑狱的小官吏常常来听他讲学，听后说：“您讲得很好，也很使我信服。只是每日里案牍讼狱一类事情忙得很，没有时间来实行这种学问啊。”王阳明听了，对他说：“我何曾教你离开簿书讼狱去悬空学习呢？你既有官司的事要判，就在官司的事上为学，才是真的学问。”

他又举例说，如你遇到一件案子要判，不可因当事人叙事无条理，就起怒心；也不可因他说话圆滑婉转，就生喜心；不可因他事先有嘱托，就有意地治罚他；也不可因他请求过你，就屈意顺从他；不可因为自己事务繁忙，就随随便便、马马虎虎地断案；更不可因旁人罗织罪名，加意诬陷，就按旁人之意处之。种种情况，都需要你克去私心，仔细认真地处理。

他说，这就是“致良知”的道理。可见，“簿书讼狱之间，无非实学”，“离了事物为学，却是着空”，多么切实可行。我们在学习中，需要克服的种种心情不比上面少吧？谁说做学问是枯燥无聊的？那是你没去做而已。

“信道不笃”，也是同样的意思，就不多说了。

技与道

子夏曰：“虽小道，必有可观者焉；致远恐泥，是以君子不为也。”

子夏说：“就是小技艺，一定有可取的地方；恐怕它妨碍远大事业，所以君子不做这些事情。”

忘记是谁曾写过这样一首诗：“书画琴棋诗酒花，当年件件不离它。而今七事都更变，柴米油盐酱醋茶。”

诗歌利用雅与俗的对比，写出了一份无奈。不过也可以换个角度看，第一句中的几件事，都叫技艺，或者艺术。那也都是学问，并不简单，如果深入进去，都能有所成就。要想有所成，就必须痴迷它，陷进去。

有一篇小说的名字叫作《棋王》，主人公叫王一生，酷爱象棋。故事并不复杂，经过一系列铺垫之后，王一生报名参加地区运动会中的象棋比赛，但没报上。不过他有自己的方法，很简单，不参赛，但是要挑战获奖的前三名。结果，那一天，王一生和前三名及其他六位选手进行了一场一对九的盲棋比赛。这比赛已经超脱出了小小的棋盘，成为一种意志与精神的较量。几轮大战下来，他胜了八盘。最后，其中一位也下盲棋的老者出来求和，王一生用最后的一点儿力气答应了。

他是真正的棋王。他的人生，都活到了棋里。同样，文字、音乐、图画，无论哪一件，你痴迷了，不就是王吗？哪怕只是自己的王。可感动归感动，这样的人，还能出得来吗？还能去做其他事情吗？能够生活得好吗？肯定不能了。

儒家培养的君子，要有大的志向与行为，那么什么样的志向算大？

为天地立心，为生民立命，为往圣继绝学，为万世开太平。

一个君子是要挑起这样的责任的。如果你痴迷于某种技艺，即使在那方面取得了不错的成就，也是不足观的。

我们不是君子，老实说可能也不想当君子。但我们想过好我们的生活，黄昏夜雨，华灯初上，万家灯火中有我们最深的牵挂与羁绊。可如果你太过痴迷你的喜好，那你的家人怎么办？你的工作怎么办？你能照顾好自己的生活吗？所以贪、嗔、痴被佛家称为三毒。

据说金庸先生修改了《天龙八部》的结局，段誉与王语嫣并未结成连理，让许多钟爱旧版的金迷错愕不已。这么修改的原因便是段誉对王语嫣的爱恋其实是一种心魔——痴。但段氏信佛，这当然是要不得的。

跑下野马：这次改动带来的诋毁和赞誉都不少，有些人认为金庸就是借此再捞一笔，也有人认为改动处体现了金庸先生思想上的又一次深入。作为一名高中时就读完金庸先生全部作品的资深读者，我对大部分改动是很赞同的。

新修版中，王语嫣沉迷于寻找“不老长春功”的秘诀，希望能永葆青春，这也是一种痴。原本迷恋王语嫣并将其奉为神仙姐姐一般崇拜的大理国储君段誉，因为身世的波折领悟了生命的无常，成为皇帝后又肩负国计民生的重任，当王语嫣推倒玉像时，他终于一举摆脱心魔。金庸先生在动笔时加入了更深刻的思索，借由心魔、无常、责任这几个体悟，对段誉做了一场洗礼。最后，王语嫣回到了神志失常的表哥身边，段誉娶了三个夫人——木婉清、钟灵以及西夏银川公主的侍女晓蕾。

我喜欢这个结局。

子夏并没有否定小道，其实倒是肯定了它，认为“必有可观”。你可以作为爱好，但要适度。要能入乎其内，出乎其外，不要被它困住，不要影响了君子的事业。

关于“小道”，关于技艺，放到今天来看，又有不一样的感慨。我们现在常说到一个词：工匠精神。日本人的工匠精神是很著名的。古时候，中国很多技艺都传到了日本，但是日本人以自己独有的方式改造后，便成为日本式的、焕发着别样生命力的东西。这种精神，不仅仅在工匠的身上能够体现，食品业、制造业，甚至是演艺界，都有体现。比如日本万代公司生产的模型，那只不过是把玩欣赏的东西啊，可他们却如制作艺术品一样对待，许多人很不理解这样的态度。

这些放在儒家的标准面前，在子夏的眼中，大约都是小道吧，然而我们今天却需要这种小道。

洒扫应对进退

子游曰：“子夏之门人小子，当洒扫应对进退，则可矣，抑末也。本之则无，如之何？”

子夏闻之，曰：“噫！言游过矣！君子之道，孰先传焉？孰后倦焉？譬诸草木，区以别矣。君子之道，焉可诬也？有始有卒者，其惟圣人乎！”

子游说：“子夏的学生，做些打扫和迎送客人的事情是可以的，但这些不过是末节小事，根本的东西却没有学到，这怎么行呢？”

子夏听了，说：“唉！子游说错了！君子之道，先传授哪一条？后传授哪一条？这就像草和木一样，都是分类区别的。君子之道怎么可以随意歪曲呢？（能按次序）有始有终地教授学生们，恐怕只有圣人吧！”

孔子过世之后，他的这些弟子之间也爱闹矛盾。

本篇中还记录了曾子对子张的批评：“堂堂乎张也，难与并为仁矣。”子张的性格与学风和曾子完全不在一个频道。和子夏一样，为孔子守孝之后，子张也离开了鲁国，去外地讲学了。而本则提到的子游，则非常重视礼乐，《礼记》中有多处曾子把礼乐细节搞错了，然后被子游无情打脸的记载。

现在这一则是子游和子夏在互相掐架，那么谁对呢？我们来评判一下。

“人生八岁，则自王公以下，至于庶人之子弟，皆入小学，而教之以洒扫、应对、进退之节，礼乐、射御、书数之文。”除了洒扫、应对、进退，礼仪、音乐、射箭、开车、数学一样也不能少，与现代课程设置有得一拼，只是把洒扫诸事放在了最前面。

那么这三个词、六个字的含义是什么呢？洒扫，就是洒水扫地、擦洗门窗，做清洁卫生；应对，就是如何对待他人、招待客人，应对别人的提问；而一件东西是该拿还是不该拿，一件事情是该做还是不该做，便是进退了。

子游认为这些都是细枝末节，该重本轻末，从“仁”直接悟入，性天风月，天人合一；而子夏则主张由末达本，从礼乐典章制度开始，直到体会到“仁”，循序渐进。两个人分别代表了儒家学派的两种不同倾向，后来演化为孟子的仁义学说和荀子的礼乐学说。

首先，我们得知道，洒扫等事情并不是那么容易做的。近取诸身，我们就以学校生活为例说说看。先说大扫除，学生们的最爱，每次都能见到这样的情景：你让他扫地，他拿着扫帚练舞，舞到精妙处，大家轰然喝彩；你让他拖地拖楼梯，他用泥浆把雪白的墙壁甩成一幅抽象画。学习洒扫，大概不可以如此吧！

再说应对。怎么对待同学？见了长辈怎么说话？见了客人怎么接待？至少称谓语、谦敬词的知识得掌握吧？人家问你贵姓，你答我贵姓王，这合适吗？还有背后议论老师、请教问题时直呼其名，见了面一声不响如同路人，或者勾肩搭背如同哥们儿，这都不对。

最后是进退。上课了什么时候进教室？做操了什么时候进操场？开会了什么时候进会场？什么时候离开？办事情有时需要我们登门拜访别人，如何去拜访？如何告辞？课堂上、会场上、举行和参加各种仪式与活动时，用什么态度聆听别人的讲话？

其实，洒扫、应对、进退既是生活的技能，也是做人的学问，随着人生阅历的变换，其对象、内容、方式也是不同的。

后世有一典故曰：“一屋不扫，何以扫天下。”这是不是可以作为“洒扫、应对、进退”接下来的过渡语呢？洒扫心上尘埃，应对人生顺逆，这不也是洒扫、应对吗？

下学而上达，道就在日常生活中，岂可分开？所以我与子夏矣。

每个人心中的孔子

叔孙武叔语大夫于朝曰：“子贡贤于仲尼。”

子服景伯以告子贡。

子贡曰：“譬之宫墙，赐之墙也及肩，窥见室家之好。夫子之墙数仞，不得其门而入，不见宗庙之美，百官之富。得其门者或寡矣。夫子之云，不亦宜乎！”

叔孙武叔在朝廷上对大夫们说：“子贡比他老师仲尼要贤明。”

子服景伯把这些话告诉了子贡。

子贡说：“就拿宫墙做比喻吧，我的墙只有肩膀那样高，谁都可以探望到屋子的美好。我老师的围墙却有几丈高，如果找不到大门进入，就很难看到那宗庙的雄伟堂皇，房舍的绚丽多姿。能够找到大门进入的人或许不多吧。那么，叔孙武叔那样说，不是很自然吗？”

叔孙武叔毁仲尼。子贡曰：“无以为也！仲尼不可毁也。他人之贤者，丘陵也，犹可逾也；仲尼，日月也，无得而逾焉。人虽欲自绝，其何伤于日月乎？多见其不知量也。”

叔孙武叔诽谤仲尼。子贡说：“不要这样做！仲尼是毁谤不了的。别人的贤德好比丘陵，还可超越过去；仲尼的贤德好比太阳和月亮，是无法超越的。虽然有人要自绝于日月，那对日月又有什么损害呢？只是表明他不自量力而已。”

陈子禽谓子贡曰：“子为恭也，仲尼岂贤于子乎？”

子贡曰：“君子一言以为知，一言以为不知，言不可不慎也。夫子之不可及也，犹天之不可阶而升也。夫子之得邦家者，所谓立之斯立，道之斯行，绥之斯来，动之斯和。其生也荣，其死也哀，如之何其可及也？”

陈子禽对子贡说：“你是谦恭了，仲尼怎么能比你更贤良呢？”

子贡说：“君子的一句话就可以表现他的智识，一句话也可以表现他的不智，所以说话不可以不慎重。他老人家的高不可及，犹如青天是不能够顺着梯子爬上去一样。他老人家如果得国而为诸侯，或得到采邑而为卿大夫，那就会像人们说的那样，教百姓立于礼，百姓就会立于礼；要引导百姓，百姓就会跟着前进；安抚百姓，百姓就会归顺；动员百姓，百姓就会齐心协力。他老人家活着是十分荣耀的，死了是极其可惜的。我怎么能赶得上他呢？”

子贡的话，为本篇的压卷。

一连三则都是有人认为子贡比孔子要贤达，而子贡一一反驳回敬。子贡的话，就是对夫子的评价。放在《论语》的结束部分，算得上盖棺定论。

为什么选子贡来评价夫子？

第一，子贡是最理解老师的，对老师感情最深。孔子离世后，众弟子中只有他为老师守孝六年，其他人都是三年。虽然他也许并不是老师眼中最好的学生，但老师却永远是他心目中最好的老师。无论面对什么人，他都坚定地维护老师的形象和尊严。没有深刻的理解和真挚的情感是很难做到这一点的。

第二，子贡才具之高，救鲁的时候我们已经领教过了。他这样的人如此推崇孔子，孔子境界如何，就更可以想见了，有衬托的作用。

第三，他的意见可以代表全部门人。

三则连起来看，子贡使用的修辞手法是博喻，将夫子的境界比作高墙、日月、青天，程度越来越高。后来人们称拜师为“列入门墙”，就是从这里来的。如果想要更谦逊一点儿的话，可以说“忝列门墙”。

那么子贡如此评价夫子，最后干脆说如天不可攀，是否合适呢？

后世人对孔子的评价已经太多了，赞誉也好，批评也罢，都已经说了许多许多。每个人都有自己不同的看法，每个人的看法都不会轻易改变，那么，我所关心的是，你怎样看他？

要评价一个人，先要知道他一生的所为对不对？《论语》就要讲完了，在这里，我叙述给你们听：

他的姓氏源于殷商王室后裔，曾经是种荣耀，但后来却不是了。孔子的六世祖死于宋国的内乱，他的父亲叔梁纥出逃到鲁国，并定居于此。

孔子的母亲叫颜徵在，他出生的时候，父亲已经六十多了，母亲还不到二十岁。据历史学家考证，孔子出生的时间是公元前 551 年 9 月 28 日。今天许多人还主张将教师节改在这一天。

孔子三岁的时候，父亲永远地离开了，母亲带着他回到老家曲阜，独自抚养他长大。很多年后，人们把那里当作他的家乡。实际上，他出生的地方距离那里很远，还要走过许多高山与大河。

颜徵在，一个很少有人提到的名字，她一定是在一种极为艰难的情况下将孔子和他的庶兄抚养成人的。在孔子十七岁那年，她因操劳过度而逝世。

他无法接受正规教育，因为母亲的身份并不高贵，家中又清贫。他游历过许多地方，结交了许多朋友和老师，也做过各种各样的事，后来他说，因为“少也贱，故多能鄙事”。传说他曾拜访过同时代一个名叫老子的老师，但那位老师似乎没怎么看得上他，他并不怎么在意。

他十九岁（一说二十岁）时结了婚，妻子很平凡，以至于没法载入史书，我们只知道是亓官氏之女，却无从知道她的样子和性格。后来他有了一个儿子，很开心，为他取了一个鱼类的名字，因为鲁昭公送给他一对大鲤鱼作为贺礼。孔鲤在五十岁的时候被人射杀而死，那时孔子六十九岁，只有这一个孩子。

关于孔鲤，还有一个流传很广的幽默故事。孔鲤从不因自己无才而自卑，相反，他每天都过得很高兴。一天，祖孙三代人坐在一起，孔鲤对夫子说：“你其实没比我强，毕竟你儿子比不上我儿子。”又对子思说：“你也没我强，你父亲没有我父亲厉害。”如今到曲阜旅游，大约还能听到导游讲这个故事。

他现在有家庭要供养了，就去大贵族家当侍从。无论让他做什么，他都不反对，并且都可以做得很好，这大约就是他所说的敬事吧。管理账目，一清二楚；放牧羊群，羊儿会长得又肥又壮。后来他也是这样教学生的，没有高远虚幻的东西，只是做好身边的事。

他开始授课，但并不收取高额的学费，许多人慕名前来做他的弟子。他们身份不一，有贵族也有农夫，有工匠也有艺人，但他丝毫不因身份而区别对待，对每一个都很好。他的弟子里，有人年龄比他还大，有人地位比他还高，却毫无例外地尊敬他，崇拜他。

他并不满足于仅仅做一名教师，他想用自己的言行去影响这个世界，因为他见过了太多的苦难。他想给人们带来更好的生活，并且坚信，这种改变必须从心开始，而不是依靠暴力。

衙卫回到府衙，在阎都督面前伸开巴掌，竟空无一字。阎公猛然自语："怎么会空空如也呢？千金难买一字啊！"接着又猛然一惊，莫非是一"空"字？接着拍案称绝："'阁中帝子今何在？槛外长江空自流。'这个'空'字用得好，万千感慨，尽在这个'空'字上啊！"

写完《滕王阁序》的王勃未曾停留，上元三年，渡海落水，惊悸而死，时年二十七岁。

我们已经说得有点远了，但请各位读者原谅，毕竟一本书就要结束了，何必那么较真？那样不是少了许多乐趣？

我时常有种错觉，这些人其实并没有真的死去。上天借助他们来完成相应的使命，完成后，他们就回去了。

那么君子的使命是什么？"为天地立心，为生民立命，为往圣继绝学，为万世开太平。"这样说，夫子大约不会反对。要实现这样的理想，一定会和社会发生关系，一定要和他人接触，所以当然也要知礼，那是社会的规则；当然也要知言，那是理解人的途径。

时至今日，这样的理想大约很不切实际了吧。世界那么大，去看看就好，岂是你说改变就能改变的？

但这样的精神，却很珍贵。

愿你们的人生中，能有这样的一个时刻：在某一个早晨醒来的时候，你看见第一缕阳光穿过窗户，听见一朵花正在开放，表面上并没有什么变化，但世界，却已悄悄变得不同。你意识到自己是独一无二的，你意识到了值得自己毕生追求的事情是什么，那是只有你才能做到的事。此之谓，知天命。

如果没有那样的一刻呢？

那也没有什么，好好生活，爱自己，爱家人，过好属于自己的一生，谁又能说这不是一种幸福呢？

好了，谢谢大家的阅读，再见。